Recomendaciones para un candidato y consejos para el gobierno de una provincia

Recomendaciones para un candidato y consejos para el gobierno de una provincia

Pablo Kangiser (trad.)

www.librosenred.com

Dirección General: Marcelo Perazolo
Dirección de Contenidos: Ivana Basset
Diseño de cubierta: Daniela Ferrán
Diagramación de interiores: Victoria Villalba

Primera edición en español - Impresión bajo demanda

© LibrosEnRed, 2009
Una marca registrada de Amertown International S.A.

ISBN: 978-1-59754-417-7

Para encargar más copias de este libro o conocer otros libros de esta colección visite www.librosenred.com

Recomendaciones para un candidato

Por Quinto Tulio Cicerón

Consejos para el gobierno de una provincia

Por Marco Tulio Cicerón

Introducción, traducción y notas

Por Pablo Kangiser

PRESENTACIÓN

Los hermanos Marco y Quinto Tulio Cicerón vivieron en el siglo I antes de Cristo y asistieron al terrible espectáculo (interesante para nosotros) del desmoronamiento de la república romana, por la violencia de facciones políticas irreconciliables y capitaneadas por caudillos con una ambición de poder ilimitada. No obstante que Julio César y Pompeyo Magno, que eran los dos más destacados aspirantes al poder total, sucumbieron —en distintas circunstancias— en su lucha política, el resultado concreto fue la destrucción de un sistema que, si no era plenamente democrático, al menos utilizaba elecciones anuales para elegir autoridades públicas. Una vez destruida la organización republicana, se instauró un gobierno unipersonal, que se fue acentuando con el paso de los siglos hasta transformarse en una suerte de monarquía absoluta. Además, muchas veces la persona del emperador se decidía mediante una confrontación armada y más de un emperador dejó el cargo por muerte violenta o mediante veneno y no por muerte natural o por el cumplimiento de un período preestablecido.

Aquí presentamos en traducción dos documentos de fines de la república, que testimonian la forma de pensar de dos actores y al mismo tiempo testigos de esa época.

Primera parte
Recomendaciones para un candidato

por Quinto Tulio Cicerón

Introducción

Las recomendaciones que se le pueden haber dado a un candidato en la Roma republicana durante el siglo I antes de Cristo, también resultarán comprensibles, en muchos aspectos, para quienes participan en las contiendas políticas de nuestras democracias modernas.

Tales recomendaciones fueron puestas por escrito –al parecer- por Quinto Tulio Cicerón, probablemente a comienzos del año 64 antes de Cristo, con motivo de la candidatura de su hermano mayor, Marco Tulio, al consulado. Marco Tulio resultó elegido cónsul para el año 63 (690 después de la fundación de Roma), no solo por los consejos de Quinto sino más bien por su propia capacidad para convocar a los votantes, muchos de los cuales se sentían obligados por los servicios forenses del gran abogado, y muchos más lo seguían atraídos por su natural manera de ser: un hombre honesto y digno, aunque perteneciente a una familia desconocida en política, aspecto que en esa apoca era relevante. Nunca un Cicerón había figurado como autoridad pública de alto rango.

La lectura del breve documento de Quinto, que él llama, en diminutivo, *Commentariolum*, permite vislumbrar aspectos propios de las prácticas políticas de la época, que no obstante, pueden resultar familiares en algunas situaciones que vemos en nuestros días. Cuando el ejercicio del poder depende de una decisión del electorado, la estrategia política de cualquier tiempo tiende a coincidir en algunos métodos comunes relativos a la captación de los sufragios; otras veces, sin embargo, aparecen situaciones no fácilmente repetibles hoy día, por varias razones evidentes, como la existencia de nuestros medios de comunicación social, en ese entonces desconocidos. Esto no significa que los romanos no hubieran experimentado las mismas necesidades de propaganda que los políticos modernos en una campaña electoral; solo significa que esa necesidad la satisfacían, en parte, mediante otros instrumentos, descritos por nuestro autor, algunas veces, en forma clara para nosotros y otras veces, no tanto. En ello reside el interés del breve texto que refleja, en primer lugar, la personalidad de Quinto y su condición de hermano menor (supuesto que él fue realmente el autor), en una sociedad en que la primogenitura tenía mucha importancia; luego, nos sitúa en el mundo político de la Antigüedad, pudiéndose observar los detalles del quehacer diario del candidato, y por último, nos permite reflexionar sobre algunos cambios históricos y sobre cómo es que –paradojalmente– podríamos estar todavía donde mismo, con similares prácticas viciosas para el ejercicio del poder. Porque una verdad que nos enseña la lectura de documentos antiguos, es que la historia siempre se repite, porque algunos hechos de hoy, en sustancia, son los mismos de antes; pero al mismo tiempo también es cierto que la historia nunca se repite completamente, porque los hechos ya no tienen lugar dentro del mismo marco moral o valórico. En esta contradicción yace escondido el interés en reflexionar sobre los hechos pasados, porque en parte son los mismos y en parte son distintos a los que podemos experimentar u observar en el mundo político de hoy.

Este pequeño escrito ilustra ese velo misterioso que envuelve todas las acciones pasadas, y nos hace suponer que algunas podrían repetirse en el futuro cercano. De hecho, la destrucción de la república romana para transformarse en un imperio, así como la evolución de éste hacia una especie de monarquía con muchos rasgos de absoluta –llamada generalmente *el dominado* a partir de Diocleciano- nos obliga a preguntar hacia dónde evolucionan las grandes potencias de nuestros días, ya sea que –unas- estén, tal vez, declinando, o bien ganándose –otras- un espacio en el mundo globalizado contemporáneo.

Por cierto ninguna de estas preguntas puede ser respondida mediante la sola obrita cuya traducción ofrecemos; pero ella constituye un eslabón de la cadena de antecedentes que permiten entender la historia y nos hacen ver cómo los seres humanos a veces no perciben el cambio de época que están a punto de vivir, ni siempre logran comprender que lo que fue válido hasta ayer, no necesariamente lo será después.

Cicerón es elegido cónsul, la más alta magistratura de la Roma republicana, tres años antes de la formación del primer triunvirato, que de hecho, derogó importantes prácticas constitucionales romanas. César, Pompeyo y Craso, que habían acumulado enorme poder político y económico, acordaron que ninguno de ellos adoptaría una decisión en materias públicas sin concordarla previamente con los otros dos, lo que virtualmente sacó de la esfera de competencia de los comicios (asambleas legislativas) y del senado, decisiones de relevancia política. La muerte de Craso en el año 53 dejó frente a frente a los dos aspirantes a un poder sin contrapeso, y se desató una guerra civil entre los dos ex triunviros, César y Pompeyo, en la que este último perdió la guerra y la vida; y el vencedor, Julio César, fue asesinado poco tiempo después por varios senadores que lo veían intentando querer ser venerado como rey y pretender gobernar con poderes de rey. Luego aparecieron en escena Marco Antonio y Octavio[1], que apoyados por Lépido, formaron un segundo triunvirato que derivó en una nueva guerra civil, la cual puso definitivamente término a la república y de paso, cobró la vida de los dos hermanos Marco y Quinto Tulio Cicerón, además de un listado no breve de personajes hasta entonces influyentes en la política de toda Italia y en otras regiones de la cuenca mediterránea, ya en esa época intervenidas o gobernadas por Roma.

Nada de lo que ocurriría pocos años después de los consejos dados por Quinto a su hermano Marco para triunfar en su candidatura, era sospechado por el autor del *Commentariolum*. Pero el lector de hoy día, conociendo el desenlace de los hechos de fines de la república, puede sacar algunas conclusiones sobre los vicios y prácticas políticas corruptas o al menos discutibles, algunas de las cuales Quinto parece aceptar sin mayor recelo, ya que incluso las propone como recomendaciones.

Para una más atenta mirada al contenido del estas "Recomendaciones para un Candidato", se hace necesario referirse al entorno de la obra y a la persona de su redactor.

1.- El autor. Se ha discutido si el autor del *Commentariolum* es realmente el hermano menor de Marco Tulio Cicerón, y las opiniones de los estudiosos, aunque en un tiempo divergentes, parecen haberse inclinado con mejores razones por la negativa[2]; se trataría, entonces, de un autor anónimo que se

---

1   Marco Antonio y Octavio pretendían, por distintas razones, constituirse en herederos políticos del asesinado Julio césar.

2   W.S.Watt: Praefatio ad Commentariolum Petitionis, en "M. Tulli Ciceronis Epistulae", Vol.III, pág. 179, Oxford Classical Text, 1958 (Eussner, Hendrickson y Henderson niegan la autoría de Quinto Tulio

habría basado en discursos y cartas del mismo Marco Tulio[3], para adaptar a su modo un texto enteramente ficticio, pero atribuible a Quinto. Si así fue, ese desconocido lo hizo espléndidamente bien; incluso puede ser probable que hubiera existido una carta auténtica, relativamente breve, de Quinto a su hermano Marco, que pudiera haber sido aprovechada como base para agregarle otros pasajes hasta configurar el texto que llegó hasta nuestros días. En cualquier caso, el escrito tiene sabor a hermano menor y puede leerse desde esa perspectiva, incluso cuando el autor adopta un tonillo de superioridad para devolver algunos de los consejos, órdenes y sugerencias que ha venido recibiendo durante toda su vida. Sea verdad o no que el *Commentariolum* fue obra de Quinto Tulio Cicerón, en su lectura vamos a asumir su autenticidad y se dará la interpretación que correspondería a la genuina autoría de Quinto. De hecho, lo que interesa en esta oportunidad, no es averiguar quién fue el autor, sino apreciar su contenido y motivar algunas reflexiones que de él pueden surgir.

Corresponde ahora precisar que Quinto Tulio Cicerón no es Marco Tulio Cicerón. Con lo cual, en cuanto a personalidad y genio literario, queda dicho casi todo.

Pero conviene agregar que nació en el año 104 antes de Cristo, dos años después que su ilustre hermano. Ambos debieron tener una similar educación, pero con muy distintos resulta-

---

Cicerón; pero la aceptan Tyrrell y Purser, entre otros).

3   Se trataría de dos discursos: In toga candida y Pro Murena, y una carta Ad Quintum Fr. I,i; el primer discurso se encuentra perdido y se sabe por Q. Asconio Pediano (siglo I después de C.) que Cicerón lo pronunció en el Senado el año 64 antes de C., en contra de otros dos candidatos al consulado, Cayo Antonio Híbrida y Lucio Sergio Catilina, pocos días antes de las elecciones, los cuales se habían organizado para desplazar con malas artes a Cicerón.

dos. Paradojalmente, Marco Tulio no estaba capacitado para
la oratoria por su contextura física insuficiente para el esfuerzo
de hablar, a veces, ante centenares de personas sin otro recurso
que la fuerza de los pulmones y la resistencia de las cuerdas
vocales. Fue así como a Marco, quienes lo apreciaban, le reco-
mendaron no poner sus ojos en la oratoria, dada su contextura
débil y el visible y lastimoso esfuerzo que hacía para hablar en
público[4]. Pero entonces se dedicó con más ahínco a la tarea
y logró no solo triunfar, sino pasar a la historia como el mejor orador de su tiempo, comparable, según deja ver Plutarco,
al griego Demóstenes, aunque la opinión de la historia haya
puesto en primer lugar a este último.

Quinto prefirió no seguir el camino de su hermano. "Basta
con un solo orador en la familia", decía; y agregaba, incluso
"basta con solo uno en el país"[5]. Lo más probable es que el
hermano mayor haya tenido talentos inexistentes en Quinto,
que nunca dejó de ser el hermano menor en todo, incluyendo
importantes decisiones familiares, como el matrimonio.

En ese entonces –especialmente en las clases altas- era habitual
que los vínculos nupciales no fueran decisión de los contrayentes,
sino de las familias. Marco Tulio, hombre de muchas y muy influyentes amistades, tenía un amigo del alma, que generalmente

---

4   Erat eo tempore in nobis summa gracilitas et infirmitas corporis, procerum et tenue collum: qui habitus et quae figura non procul abes-
se putatur a vitae periculo, si accedit labor et laterum magna contentio;
eoque magis hoc eos quibus eram carus commovebat, quod omnia sine
remissione, sine varietate, vi summa vocis et totius corporis contentione
dicebam. Itaque cum me et amici et medici hortarentur ut causas agere
desisterem, quodvis potius periculum mihi adeundum quam a sperata
dicendi gloria discedendum putavi (Brut., 313, 314).
5   Marco Tulio, recordando las palabras de Quinto: unum putasti
satis esse non modo in una familia rhetorem, sed paene in tota civitate
(De Orat., Lib. II, iii).

residía en Atenas y por eso era apodado el Ateniense: Tito Pomponio Ático. Las cartas de Marco Tulio testimonian de sobra esa gran amistad. Tito tenía una hermana, Pomponia, y nada pareció mejor a los dos amigos que promover el matrimonio de Pomponia con Quinto, quienes, así como los polos magnéticos se repelen cuando son iguales, nunca constituyeron una pareja armoniosa. Se casaron jóvenes. Ambos eran irascibles y explotaban ante el menor estímulo. Pomponia tenía serias razones para criticar la facilidad con que su marido se dejaba influir y hasta manejar por otros, incluyendo un esclavo encargado del servicio doméstico, llamado Estacio[6]. Pomponia no perdía ocasión de demostrar su desagrado, incluso en presencia de invitados ilustres. No es necesario insistir en los problemas de este matrimonio, con el que quisieron estrechar su amistad Marco Tulio y Ático, y por el cual, en cambio, pudieron haber dejado de ser amigos.

Con todo, recordaremos que en carta de Marco Tulio a Tito Pomponio Ático de fines del año 68 se lee un párrafo que expresa: "en cuanto a lo que me escribes de tu hermana, ella misma te será testigo de cuánta ha sido mi preocupación para que los sentimientos de mi hermano Quinto hacia ella sean los que deben ser. Como encontré que estaba algo irritado, le escribí para aplacarlo como a un hermano, para aconsejarlo ya que es menor, y para criticarlo por estar equivocado. Así que, según lo que después él mismo me escribió, confío en que todo está como conviene y como queremos que sea"[7].

---

6   Cartas de Marco Tulio Cicerón y algunas obras de teatro de la Antigüedad, testimonian la influencia que a veces un esclavo podía tener dentro de una familia. Cicerón, en carta a Quinto (Lib. I, ii), le dice que la llegada de Estacio le resultó preocupante, ya que Quinto había escrito que iba a ser "saqueado" por los demás, mientras Estacio estuviera ausente (de su casa). ("Eius adventus, quod ita scripsisti, direptum iri te a tuis dum is -sc.Statius- abesset, molestus mihi fuit").

7   Quod ad me scribis de sorore tua, testis erit tibi ipsa, quantae

Al año siguiente, el hermano mayor le escribe nuevamente a su amigo del alma: "respecto de mi hermano, confío que eso está tal como siempre quise y trabajé para que fuera; de lo cual hay muchos síntomas, y no es menor el hecho de que tu hermana está encinta"[8].

Quinto era un hombre más bien flaco, de salud delicada, mal agestado, de mal carácter y de exigua estatura. Cualquier defecto, moral o físico, en la Roma libertaria y maldiciente de aquellos días, era motivo de burla y de comentarios. Marco Tulio, que para toda ocasión propicia tenía algo jocoso que decir, no perdonó ni a su querido hermano. Siendo Quinto gobernador en Asia se mandó a hacer una estatua de medio cuerpo en la que aparecía armado con escudo y representado con grandes rasgos desproporcionados a su estatura real. El orador, contemplando la extraña metamorfosis del hombrecillo que ahora era un semi gigantón, manifestó con sorpresa: "Mi hermano, cuando es su mitad, es más grande que cuando está entero"[9].

El mal carácter en el cargo de gobernador era en extremo peligroso para los súbditos de Quinto. Se contagió con la tiranía de los déspotas orientales. Por cualquier motivo comenzaba por ordenar que mataran, ahorcaran o quemaran. Él quería hacer justicia y ser reconocido por ello. Incluso

---

mihi curae fuerit, ut Quinti fratris animus in eam esset is, qui esse deberet. Quem cum esse offensiorem arbitrarer, eas litteras ad eum misi quibus et placarem ut fratrem et monerem ut minorem et obiurgarem ut errantem. Itaque ex iis, quae postea saepe ab eo ad me scripta sunt, confido ita esse omnia, ut et oporteat et velimus (Ad Att., Lib. I, v).

8   De fratre confido ita esse, ut semper volui et elaboravi; multa signa sunt eius rei, non minimum, quod soror praegnans est. (Ad Att., Lib. I, x).

9   Frater meus dimidius maior est quam totus (Macrobio, Saturnales, Lib. II, iii,4).

tuvo oportunidad de aplicar una pena excesivamente cruel establecida por la ley romana para los parricidas, que debían ser metidos dentro de un saco de cuero y lanzados al río[10]. A un personaje importante de su provincia, que había sido absuelto de la acusación de haber dado muerte a su madre, quería aplicarle de todos modos la terrible sanción. Blaundeno Xeuxis, que así se llamaba el supuesto matricida, presintiendo las intenciones del pequeño Quinto, se fugó; y el gobernador le envió amistosas cartas invitándolo a volver, pero sin resultado[11].

A un tal Licinio y a su hijo, en cambio, los quiso mandar a la hoguera por vender como esclavo a un hombre libre, y ordenó a un subalterno que los quemara vivos[12].

Después dijo que todas esas órdenes espeluznantes fueron puras bromas. ¡Vaya bromas![13].

---

10   Según algunas fuentes, en el mismo saco se debían incluir un mono, una culebra y un gallo.

11   Tua autem quae fuerit cupiditas tanta, nescio, quod scribis cupisse te, quoniam Smyrnae duos Mysos insuisses in culleum, simile in superiore parte provinciae edere exemplum severitatis tuae et idcirco Zeuxim elicere omni ratione voluisse ultra quem adductum in iudicium fortasse dimitti non oportuerat, conquiri vero et elici blanditiis, ut tu scribis, ad iudicium necesse non fuit, eum praesertim hominem, quem ego et ex suis civibus et ex multis aliis quotidie magis cognosco nobiliorem esse prope quam civitatem suam (Ad Quint. Lib. I, ep. ii).

12   Marco Tulio le reprocha en una carta a Quinto (Lib. I, ep. ii):"Deinde rogas ad Fabium ut et patrem et filium vivos comburat si possit". La pena por el delito de plagio era grave, pero pecuniaria (50 mil sestercios, según Mommsen). De ahí que la muerte en la hoguera para el delito de plagio haya sido considerada demencial incluso en esa época.

13   En la misma carta anterior Marco Tulio recuerda: Hae litterae abs te per iocum missae ad C. Fabium. Ver BOISSIER (págs. 260 y siguientes).

Tuvo también Quinto sus días de gloria en la guerra de las Galias, bajo la dirección de Julio César. El año 54, nueve años después del consulado de Marco Tulio Cicerón y después de haber sido gobernador en Asia, Quinto protagonizó una heroica resistencia al quedar al mando de un campamento romano ubicado en la tierra de los Nervianos. Varias tribus bárbaras –ceutrones, grudios, levacos, pleumoxios y geidumnos- atacan repentinamente el lugar, que Quinto defendía con una sola legión. Incluso algunos soldados romanos que estaban buscando leña en un bosque cercano fueron interceptados por la caballería enemiga. Quinto salvó la situación haciendo grandes esfuerzos y trabajando día y noche en mantener y reparar las defensas; hasta que logró repeler el ataque. Julio César dice de él que, siendo de una debilitada salud, ni siquiera se dio tiempo para descansar de noche, a tal punto que el vocerío y la presión de los soldados lo obligaron a ahorrar energías[14]. Nada dice César de su mal carácter, y lo retrata como un gran soldado que, a decir verdad, subyacía escondido o estaba a la vista casi en cualquier romano de entonces.

Quinto participó también de la carrera política de su tiempo y ganó dos veces elecciones para magistraturas menores. Fue cuestor y edil[15], por cierto, gracias el prestigio de su hermano mayor y a que ya comenzaba a ser ilustre el nombre de Cicerón en Roma.

Hasta aquí, en unas gruesas pinceladas, el retrato de nuestro real o supuesto autor.

2.- El "cursus honorum" o la "carrera política". El sistema constitucional romano era muy distinto de los que vemos

---

14   Ipse Cicero, cum tenuissima valetudine esset, ne nocturnum quidem sibi tempus ad quietem relinquebat, ut ultro militum concursu ac vocibus sibi parcere cogeretur (Caes. B. Gall., V, xxiv et seq).
15   Ver BOISSIER, págs. 258 y ss.

hoy día. La Roma republicana nació de una revuelta contra la monarquía etrusca en el 509 antes de Cristo, y como la figura del rey, que podía abusar de su poder, era odiosa sobre todo a los patricios, éstos juraron que no habría nuevamente reyes en Roma. Nombraron dos cónsules con derecho de veto[16] recíproco entre ellos. Y luego fueron agregando otros magistrados hasta conformar el siguiente cuadro de autoridades elegidas anualmente mediante sufragio:

-Los *quaestores*. Eran el peldaño más bajo de la carrera política. Para ocupar este cargo era necesario haber cumplido los 30 años. Etimológicamente el *quaestor* es un "interrogador" y su origen parece que estuvo en los *quaestores parricidii*, instituidos para investigar el homicidio cometido contra un hombre libre; pero los cuestores del tiempo de los Cicerones son algo distinto. Tenían entre sus atribuciones vigilar el *aerarium* o tesoro público, y en general, administrar el presupuesto público del Estado romano; pero asumieron también algunas funciones en materia de justicia criminal en reemplazo de los antiguos *quaestores parricidii*. Inicialmente se nombraban de a pares por los cónsules, pero durante el período que nos interesa, eran elegidos por los comicios reunidos por tribus; desde los tiempos del dictador Sila, ya se elegían en número de veinte[17]. Dos de ellos, los cuestores urbanos, auxiliaban a los cónsules en funciones judiciales.

-Los *aediles*. Para ocupar el cargo de edil se requería tener 37 años de edad. Tenían tuición sobre el comercio en los mercados y decidían las controversias entre los mercaderes; se ocupaban del abasto de la ciudad, del estado de las calles y lugares pú-

---

16   En latín, *intercessio*.
17   Lucio Cornelio Sila ejerció la dictadura desde año 82 al 79 antes de Cristo. La lex Cornelia de quaestoribus es del año 81.

blicos, así como de los edificios públicos y de los espectáculos. Eran algo parecido a un moderno alcalde que, además, tuviera funciones judiciales y de policía. Eran elegidos en los mismos comicios por tribus, en los que se elegía a los cuestores.

-Los *praetores*. La edad mínima para el cargo era de 40 años. Eran elegidos en los comicios por centurias presididos por un cónsul. Tenían mando militar y de gobierno y administración subordinado al de los cónsules. Podían presidir una asamblea popular deliberativa o informativa (contio), no legislativa, y en ausencia de los cónsules convocaban al senado para sesionar. El pretor tenía a su cargo la primera fase de un juicio civil, *in iure*, en la que los litigantes definían el objeto preciso de su litis, o sea el objeto de la acción judicial del demandante y de las excepciones del demandado. Al lado del *praetor urbanus* había otro, *peregrinus*, para causas judiciales en que eran parte los extranjeros, cada vez más numerosos en Roma. El número de pretores fue de seis desde fines del siglo II antes de Cristo.

-Los *consules*. Eran solo dos y representaban la suprema magistratura ordinaria, con atribuciones civiles, militares y judiciales. No se podía ocupar este cargo antes de haber cumplido los 43 años[18]. Marco Tulio fue elegido precisamente a esa edad. En los casos en que así ocurría, se decía que el candidato había sido elegido "en su año" (*suo anno*). Eran elegidos por los comicios organizados por centurias, presididos por un cónsul. Si durante el año faltaba uno de los cónsules (por muerte), el otro nombraba un *cónsul suffectus,* o reemplazante, que ejercía

---

18   Estos límites de edades no son constantes a través del tiempo. Además, hubo casos excepcionales en que las edades mínimas no se respetaron (Escipión el Africano fue elegido cónsul por primera vez a los 36 años). Por otra parte, Augusto, cuando ya se hizo con el poder total, rebajó estas edades (30 años para ser pretor y 33 para cónsul).

el cargo hasta que entraban en funciones los siguientes cónsules elegidos en los comicios.

Las elecciones de los magistrados tenían lugar en julio, verano del hemisferio norte, sin peligro de lluvias o fenómenos climáticos que obstaculizaran el proceso electoral. Asumían su cargo en el mes de marzo del año siguiente; hasta entonces tenían el carácter de *designati* ("electos" diríamos en nuestro lenguaje político constitucional).

Al margen del *cursus honorum* había otros cargos de importancia, como el *dictator*, nombrado uninominalmente, con mayor poder que los cónsules, en forma excepcional y hasta por 6 meses, para graves y especiales circunstancias, como una guerra de difícil desenlace[19]; los *censores*, que eran nombrados cada cinco años y duraban 18 meses en el cargo; hacían el censo, esto es, determinaban el número y calidad de las personas, pero también calificaban a los ciudadanos como hábiles para ingresar al senado, o los descalificaban por faltas a la moral y a la ética, poniéndoles nota de infamia (es decir, de mala fama). No se puede dejar de nombrar a los tribunos de la plebe, *tribuni plebei*, que comenzaron a ser nombrados de a dos poco después de la expulsión de los reyes, pero a mediados del siglo V ya eran diez. Eran inviolables y tenían un poder capaz de hacer frente a los cónsules[20] y a otras magistraturas ejercidas inicialmente solo por patricios.

---

19   Un caso emblemático fue el de Fabio Máximo, nombrado para hacer frente a Aníbal en la segunda guerra púnica. Este cargo de dictador nada tenía de reprochable; a los modernos dictadores, sus adversarios los habrían señalado en latín con un término importado de Grecia: los habrían tratado de tiranos (*tyranni*).

20   La lex Cornelia de tribunicia potestate (dictada por Sila), restringió este poder; poco tiempo después, la lex Pompeia Licinia restituyó en el 70 antes de Cristo los poderes de los tribunos.

La carrera política o *cursus honorum* establecía los peldaños que debía recorrer el ciudadano en su ascenso dentro del aparato del Estado. Por la obediencia se llega al poder, decían entonces.

3.- Las contiendas electorales en Roma a finales de la república. Para el ejercicio del derecho de sufragio los ciudadanos romanos estaban organizados en centurias y en tribus, lo que daba lugar a los *comitia centuriata* y a los *comitia tributa*.

El sistema de votación organizado en función de las centurias, dividía a éstas por clases según riqueza, de modo que ingresaban a la primera quienes poseían un patrimonio de al menos 100 mil ases, y para la última, la quinta, se requerían solo 12 mil quinientos. Las centurias llegaron a ser, según se ha podido establecer, 194 en total, y en la primera clase de ellas, había 80 centurias de patricios a las cuales se agregaban 18 centurias de caballeros (*equites*)[21], todo lo cual en conjunto sumaba, para esa primera clase, 98 centurias. La primera clase votaba primero, y luego por orden descendente las demás clases; sin embargo, como la primera clase tenía asegurada la mayoría absoluta (98 sobre 194), podía suceder que si el resultado de la elección ya estaba definido con la votación de la primera clase, se suspendía el proceso electoral, puesto que la votación de las clases siguientes no iba a alterar el resultado que ya se había obtenido. De este modo los ciudadanos más acaudalados, organizados en esa primera clase podían controlar la elección por centurias. La república romana era, por lo tanto, una timocracia o gobierno de los más ricos (aunque no necesariamente, de los menos ilustrados o menos idóneos).

---

21   El orden ecuestre o de los caballeros (*ordo equester*) agrupaba a quienes no pertenecían al orden senatorial (ni a la plebe), y se dedicaban a los negocios de toda clase, incluyendo el préstamo de dinero a interés.

La otra asamblea electoral es la tribu, que está organizada, inicialmente, por propietarios de tierras. La tribu servía además para la percepción de los tributos[22] y para reclutar ciudadanos para el servicio de las armas. Una importante división entre tribus urbanas y tribus rústicas incluía en las primeras a los proletarios o personas que nada poseían, excepto que eran libres y tenían descendencia (*proles*); en las segundas, se mantuvo la adscripción según posesión territorial. Éste último grupo tenía el control de los comicios por tribus, las que llegaron a ser 35 en Roma, a mediados del siglo III antes de Cristo.

En esa misma época se limitaron a 70 las centurias de la primera clase, y se aumentaron a 30 las de la segunda, quedando invariables las demás. Ello democratizó en algo el sistema electoral, toda vez que las centurias de la primera clase incluidos los *equites,* alcanzaron ahora a solo 88. Esta reorganización hizo necesaria -para obtener mayoría- la reunión estratégica entre las centurias de la primera clase y parte de la segunda; así, siempre estaba la posibilidad cierta de lograr la mayoría electoral pactando con algunas centurias de la segunda clase.

El lugar de votación solía ser el Campo de Marte, territorio emplazado en la ribera izquierda del Tíber, y formado por el meandro o curva del río, que desde el actual Castel Sant'Angelo se extiende hasta la isla tiberina. Los votantes eran encerrados en unos corralitos (*saepta*) de los cuales iban saliendo a medida que votaban, y a los que no podían ingresar nuevamente. Desde mediados del siglo II antes de Cristo el voto fue secreto y se depositaba en una urna electoral (*cista*).

---

22   De hecho, *tributum* tienen su origen etimológico en el término *tribus* (tribu).

Las campañas electorales no eran aguas mansas; por el contrario, a medida que se acercaba la época en que actuaron los hermanos Cicerón, los enfrentamientos callejeros fueron siendo cada vez más intensos y graves. Las rivalidades políticas no permitían tregua y cada grupo, en torno a su caudillo, se integraba con contingente armado para inspirar respecto a sus oponentes. Con posterioridad al consulado de Cicerón, la violencia era todavía mayor. En una de estas escaramuzas Tito Annio Milón, amigo de Marco Tulio, dio muerte a su odiado rival político, Publio Clodio Pulcher, que era candidato a pretor, cuando Milón, en la misma época, postulaba al consulado, y con el cual ya había protagonizado más de un incidente callejero.

Un atardecer a fines de enero del año 52 antes de Cristo, Milón se dirigía por la vía Apia desde Roma a Lanuvio[23] con su mujer e hijos, y con una nutrida guardia armada que contaba incluso con gladiadores. Desde Aricia hacia Roma, por la misma vía Apia cabalgaba Clodio con unos 30 jinetes igualmente armados. Las dos columnas se cruzaron sin mayor conflicto, pero cuando ya iban a comenzar a alejarse una de otra, se produjo un alarde de armas entre las dos retaguardias, con intercambio de insultos, y comenzó la pugna. Clodio, herido, se refugió en una modesta casa de las cercanías; hasta allí llegaron los milonianos, tomaron la casa por asalto y el cadáver de Clodio apareció después tendido al borde del camino. Cicerón sostuvo que Milón había obrado en defensa propia, puesto que habría sido emboscado por Clodio; pero los jueces solo aceptaron la legítima defensa en relación a las heridas de Clodio pero no respecto de su muerte, sobre todo porque estaba claro que la orden de matar la había dado Milón. Hoy nos parece evidente que la muerte de Clodio no era necesaria

---

23   Distante unos 25 Km.

para la defensa legítima de Milón. Cicerón perdió el juicio[24]. Milón fue condenado al destierro, la máxima pena legal para un ciudadano romano[25].

Escaramuzas como ésta, no siempre con resultado de muerte, eran cada vez más habituales en los últimos años de la república. La candidatura de Marco Tulio al consulado no padeció ese grado de violencia, pero sucedió algo parecido: otros dos candidatos al consulado, Lucio Sergio Catilina y Cayo Antonio Híbrida, se organizaron contra él ejerciendo acciones ilegítimas, lo que obligó a Cicerón a pronunciar un discurso en el senado denunciando estos hechos. Es el discurso "In toga cándida", actualmente perdido y del cual solo conocemos algunas observaciones y comentarios de Quinto Asconio Pediano, del siglo I después de Cristo.

Uno de los candidatos al consulado en el año 64, que no resultó electo, Sergio Lucio Catilina, protagonizó, durante el consulado de Cicerón, una asonada con un grupo de conjurados[26], muchos de los cuales eran patricios arruinados. Querían hacerse del poder total por las armas, dando muerte, incluso, al cónsul Cicerón y a muchos senadores que permanecían fieles a la república. Cicerón supo desenmascarar a los conspiradores y logró que Catilina se auto exiliara con parte de sus secuaces[27]; luego el cónsul dio muerte, pues tenía facultades

---

24   De 51 jueces, 38 votaron por condenar y 13 por absolver (Asconius in Mil.).

25   La pena capital por decapitación para los ciudadanos fue abolida por le *Lex Valeria de Provocatione* en el 509 ante de Cristo.

26   La voz *coniurati* en latín se usa con el significado de conspiradores, dado que antes de emprender una acción de tanto peligro se juraban recíprocamente fidelidad.

27   Ello es todavía más meritorio si se considera que el otro cónsul elegido para ese año, Cayo Antonio Híbrida, era muy cercano a Catilina y, como ya se dijo, adversario de Cicerón; pero Antonio Híbrida final-

para ello, a los conjurados que no salieron de Roma junto con Catilina. El senado había dictado el decreto *videant consules ne quid detrimenti respublica capiat*[28], que es el equivalente aproximado de nuestros estados de excepción constitucional o, si se quiere, al estado de sitio, en que se suspenden ciertas garantías y libertades.

La violencia política acechaba entonces en Roma a la vuelta de cada esquina. Y los candidatos que competían con Marco Tulio no eran precisamente gente tranquila, como nos lo narra el propio Quinto cuando hace el análisis de situación en que se desenvolverá la candidatura de su hermano. Cayo Antonio Híbrida, que no era mejor que Catilina, fue elegido cónsul junto con Marco Tulio Cicerón.

4.- La traducción. Todo traductor es un traidor, según reza un viejo proverbio italiano. La traducción que ahora se presenta no está exenta de traiciones; pero es preferible arriesgarse a pecar si de ese modo se puede traslucir el sentido último del texto original. En efecto, una versión que fuera apegada a cada palabra individualmente considerada, para no traicionar el léxico, resultaría desprovista de aquellos matices de significado que surgen del contexto. Y una traducción párrafo por párrafo, que permita transparentar el sentido global de cada oración, no puede mantenerse fiel al significado que, según el diccionario, tiene individualmente cada palabra.

Ese significado depende de tres elementos. En primer lugar, todo término tiene un origen etimológico o deriva de otra palabra de la misma lengua; luego, el uso que a través del tiempo

---

mente debió tomar las armas contra su antiguo socio.

28   Que los cónsules provean de manera que la república no sufra daño.

y a veces a través de varias épocas se da a una palabra, va modificando su significado inicial y agregándole nuevos matices y nuevos empleos adaptados a nuevas circunstancias. Si cada término se mantuviera estrictamente fiel a su origen, los lustrabotas no podrían lustrar zapatos y los peluqueros solo podrían componer pelucas. En tercer lugar, lo que con más fuerza define el significado de un término, es su contexto o el conjunto de otros términos que con él van formando sentido completo dentro del todo de la obra. En la traducción que ahora se ofrece se ha preferido siempre hacer primar este último criterio por encima, incluso, de los significados recogidos por los buenos diccionarios, aunque haciendo el esfuerzo de no separarse en lo posible, de las acepciones consignadas en aquéllos. Además, se ha prescindido en esta versión de consultar otras traducciones que pueden estar disponibles, con el objeto de no recoger influencias que a veces ayudan pero en otras ocasiones podrían desorientar. La tarea de consultar otras traducciones, que las hay, corresponde a quien deseara interiorizarse más a fondo en pensamiento de Quinto o de quien haya redactado el Commentariolum. Esto también es válido para la carta de su hermano Marco, sobre el gobierno de la provincia.

En todo caso, la única autoridad la tiene el texto latino, que también se inserta, después de la traducción[29].

El título de la obra merece una breve explicación. El *Comentariolum Petitionis* ha sido titulado algunas veces como "La Biblia del Candidato" o como "El Manual del Candidato".

---

29   Se invita a quienes estudien o hubieren estudiado latín, a leer el texto genuino del autor del *Commentariolum*, en alguna de las buenas ediciones que existen; la que aquí incluimos no pretende contar con respaldo crítico.

Commentariolum es el diminutivo de *commentarius*, esto es, memorias o anotaciones, vale decir, un conjunto de observaciones y datos que pueden servir para una historia u otra obra mayor. Los *Commentarii* que escribió Julio César sobre la Guerra de las Galias tienen ese carácter. *Petitio*, por su parte, significa petición o postulación, se entiende, a un cargo obtenido por sufragio. Aquí se ha preferido traducir *Commentariolum Petitionis* por "Recomendaciones para un candidato", dado que el término *petitio* lo miramos como equivalente a candidatura.

Otros datos necesarios para la cabal comprensión de un texto de más de dos mil años de antigüedad, son difíciles de resumir —aunque los hubiéramos tenido a mano-, porque supondrían una exposición completa de la época en que se escribió ese texto. En efecto, cuando alguien escribe, se limita al mensaje que intenta trasmitir y omite todo aquello que supone ya conocido por el lector. El redactor de un titular de un periódico de hoy día donde se lee que "La Juve venció al Inter", no nos explica en qué consiste el fútbol ni cómo se juega, porque los lectores de hoy lo sabemos perfectamente. Pero si en dos mil años más, cuando -supongamos- ya no exista el fútbol, alguien leyera ese mismo titular, no sabría en qué consistió esa victoria, si alguien ganó una carrera o si ganó una partida en algún otro deporte, y tendría que investigar para determinar el sentido de ese titular de prensa. Cualquier hincha de hoy, medianamente interiorizado de su deporte favorito, capta de inmediato el mensaje sin necesidad de consultar ningún otro antecedente. Dicho de otra forma, todo escrito, breve o extenso, político, social, económico o de cualquier índole, está inserto en una especie de "telón de fondo" demostrativo de los hechos de una época, de público conocimiento, cuya descripción el autor se ahorra, o solo lo menciona tangencialmente y en la estricta medida de lo necesario. Corresponde al lector completar el cuadro con el conocimiento que él mismo tenga de ese telón de fondo.

Las cartas de Marco Tulio Cicerón son, desde este punto de vista, algo más difíciles de entender que otras de sus composiciones que contienen, en sí mismas, información histórica de carácter más general, porque pueden mirarse, precisamente, como una fuente para reconstruir el telón de fondo. Esta dificultad también se observa en la carta atribuida a Quinto, mitigada en parte por los datos conservados por el ya citado Asconio y porque no son pocas las fuentes para conocer los procesos electorales del fin de la república romana.

Toda carta, como las de Cicerón, está dirigida a personas con las cuales el autor está en permanente sintonía y no necesita explicar lo que el destinatario de la carta sabe perfectamente; pero nosotros no siempre conocemos esa información cuando leemos un texto de dos mil años de antigüedad, y a menudo la ignoramos por completo. Muchos aspectos del *Commentariolum* pueden ser oscuros y algunas notas a pie de página se espera que servirán de ayuda. Para mayor información –sobre el "telón de fondo"- acúdase a la BIBLIOGRAFÍA, de carácter elemental, que se indica en las páginas finales.

Commentariolum petitionis

Texto castellano

Quinto saluda a su hermano Marco[30].

I.- Aunque tienes todo lo que un hombre puede conseguir con su inteligencia, su experiencia o su dedicación, sin embargo, dado nuestro mutuo afecto, estimé que no era impropio escribirte aquello que he estado pensando día y noche sobre tu candidatura, no para que aprendieras algo nuevo, sino para que lo que se encuentra disperso y desordenado, fuera distribuido metódicamente y expuesto desde un mismo punto de vista.

A pesar de que tiene mucho valor la natural manera de ser, sin embargo pareciera que con la actividad de unos pocos meses[31] lo ficticio puede vencer a lo natural. Piensa qué es la política, qué pretendes y quién eres. Así pues, todos los días al bajar al foro[32] deberías ir meditando: "Pertenezco a una familia desconocida, pretendo ser cónsul, se trata de Roma".

Harás conocido tu nombre especialmente por la fama de tu elocuencia. Siempre ella ha dado mucho prestigio. Quien ha sido digno de ser abogado de cónsules, no puede ser considerado indigno del consulado. Por lo tanto, ya que este mérito es tu punto de partida y todo lo que eres, lo eres a partir de esto,

---

30   Fórmula habitual de salutación en el epistolario latino
31   Alusión al período de campaña electoral.
32   Ambos hermanos habitaban en el monte Palatino, a cuyos pies estaba el foro romano, centro político y judicial de la ciudad (ver PAOLI, en la bibliografía, págs. 24 y 25).

debes encontrarte preparado para hablar en público[33] como si en cada ocasión se te fuera a tomar examen de tus futuras aptitudes. Sé que tienes reservadas para ti las ayuda memorias relativas a esta actividad; preocúpate de que estén listas y a mano, y a menudo ten presente lo que escribió Demetrio[34] sobre el estudio y ejercitación de Demóstenes.

Luego haz que se vea la cantidad y clase de tus amigos; tienes, en efecto, el mismo tipo de amigos que tuvieron algunos otros hombres nuevos[35]: todos los publicanos[36], casi todo el orden ecuestre[37], muchos municipios propios[38], muchas personas de toda clase defendidas por ti, algunas cofradías[39], además de muchísimos jóvenes atraídos por el interés en la oratoria; una concurrencia constante de amigos todos los días. Todo esto

---

33   El texto hace referencia a defensas en juicio ante los tribunales, que, como se sabe, se ventilaban públicamente en el foro.

34   Debe tratarse de Demetrio Falero, profesor de retórica, que vivió sus últimos años hospedado en la casa Marco Tulio Cicerón, donde murió (De Orat., II, 95).

35   "Hombres nuevos" eran, en el lenguaje político de Roma, las personas que pertenecían a una familia sin tradición en tareas de gobierno o en el senado, por no haber pertenecido a ellas personajes que hubieran ejercido cargos públicos.

36   Los publicanos eran un grupo económicamente poderoso en Roma; formaban sociedades que licitaban, por una cantidad fija, el derecho de cobrar los impuestos en las provincias; la diferencia entre la cantidad licitada y el total percibido (menos los gastos) era su utilidad.

37   Véase nota 21.

38   El municipio era una unidad político-administrativa existente en la mayoría de las ciudades de Italia. Solían tener alguien que representara sus intereses en Roma. A ello alude Quinto al decir "municipios propios".

39   Había en Roma "collegia" de todo tipo, principalmente de artesanos, de comerciantes minoristas y productores de otros bienes y servicios. Horacio incluye en una sátira a algunos "collegia" reales y otros inventados a propósito por él, como la cofradía de los fanfarrones (Satirarum Lib. I, ii).

procura mantenerlo, haciéndoles recordar, pidiendo y logrando por todos los medios que entiendan que deben devolver los favores, y que no habrá otra oportunidad, si lo desean, de comprometerse contigo.

Esto también puede ayudar mucho a un hombre nuevo: la buena disposición de personas relevantes, sobre todo si se han desempeñado como cónsules. Es útil que aquellos, a cuya condición y categoría pretendes ingresar, te consideren de su propia condición y categoría. Todos ellos deben ser solicitados diligentemente y ante ellos hay que dar palabra y persuadirlos de que siempre hemos estado junto a la aristocracia[40] al opinar sobre la situación política y nunca junto al partido popular; si pareciera que algo hemos dicho en obsequio del pueblo, di que eso lo hicimos con la intención de apoyar a Cneo Pompeyo, de modo que a él, que es hombre poderoso, lo tengamos como amigo en nuestra candidatura y en todo caso, no como adversario[41]. Adicionalmente, trabaja para que cuentes con jóvenes de la aristocracia, o para que aquellos con los que ya cuentas, sean tus partidarios; pueden ejercer mucha influencia. Tienes muchos; haz que sepan cuánta capacidad estimas que hay en ellos. Si lograras que aquellos que no están dispuestos, deseen participar, serán muy útiles.

---

40   Los "optimates" a que se refiere Quinto Cicerón, vienen a ser los del partido conservador o tradicional en el Senado romano.

41   Pasó a la historia como Pompeyo Magno (107-48 a. de JC.); después de haber formado junto con Craso y César el primer triunvirato el año 60, se puso al frente de quienes defendieron la causa constitucional del senado para luchar contra César, quien lo derrotó en la batalla de la Farsalia. Cuando Marco Tulio se presenta como candidato, Pompeyo aún no ha formado el triunvirato, y es probablemente la persona más influyente en Roma (en ese momento, incluso más que Julio César). Pompeyo, para potenciar sus aspiraciones políticas, buscaba en apoyo del pueblo.

II.- Mucho también favorece a tu calidad de hombre nuevo el hecho de que postulen contigo otros candidatos de cierta clase de aristocracia, que nadie se atrevería a decir que a ellos su posición social les será más útil que a ti tus cualidades personales. ¿Se te ocurriría que Publio Galba y Lucio Casio, nacidos en las mejores familias, iban a ser candidatos?[42]. Ves personas de las mejores familias que, porque carecen de aptitudes, no están a tu altura. Antonio y Catilina son aborrecibles. Más que eso: un hombre acucioso, activo, irreprochable, favorito ante quienes van a decidir la elección, debe desear adversarios que, desde su niñez, fueron sicarios, ambos libidinosos, ambos endeudados. Los bienes de uno de ellos los hemos visto anunciados en venta al mejor postor; hemos oído su voz afirmando solemnemente que no podía ser demandado en Roma por un ciudadano griego; sabemos que fue expulsado del senado por decisión de censores de la mejor reputación; lo tuvimos de rival en la elección para pretor, aliado con Sabidio y Pántera, porque no tenía a otros que inscribir para la candidatura (en ese cargo de pretor, sin embargo, tenía como amante, en su casa y a plena luz del día, a una esclava comprada en el mercado); en su candidatura al consulado prefirió arrebatar el dinero a los pequeños comerciantes mediante un vergonzoso envío de representantes, antes que hacer personalmente una petición ante el pueblo de Roma.

---

42   Según Asconio, siete candidatos postularon al consulado cuando fueron elegidos Cicerón y Antonio Híbrida en el 64 antes de Cristo. Los otros cinco fueron Publio Sulpicio Galba y Lucio Sergio Catilina (patricios); Lucio Casio Longino (de familia con antecedentes en política); además Quinto Cornificio y Cayo Licinio Sacerdote (este ultimo sería, según parece, sacerdote de algún culto; a menos que la expresión "Sacerdos" utilizada por Asconio hubiere constituido un "cognomen" o nombre usual de una persona).

El otro -¡dios nos libre!- ¿cuán prestigioso es? ¿Es Antonio tan aristócrata como Catilina? ¿Acaso más? No; pero lo sería en sus cualidades personales; ¿por qué razón? Antonio teme a su propia sombra; Catilina, ni siquiera a las leyes; ha nacido mientras su padre estaba endeudado, educado entre las relaciones sexuales de sus hermanas, fortalecido en los asesinatos de sus conciudadanos, y cuyo inicio en la política fue la matanza de caballeros romanos (pues aquellos habitantes de la Galia, que hemos recordado[43], que por entonces coleccionaban las cabezas de los Titinios, los Naneyos y los Tanusios, tuvieron por único jefe a Catilina, por encargo de Sila). En esas funciones Catilina dio muerte con sus propias manos a Quinto Cecilio, marido de su hermana, caballero romano, de ningún partido, hombre siempre tranquilo por naturaleza y sobre todo por su edad.

III.- ¿Qué puedo decir ahora de quien compite contigo para el cargo de cónsul y que dio de bastonazos en presencia del pueblo a Marco Mario, persona queridísima en Roma, arriándolo por toda la ciudad hasta donde iba a ser su tumba, y aún vivo, le cortó el cuello con la espada de su mano derecha, mientras que en la izquierda tenía la cabeza asida por la punta de los cabellos, y le corrían chorros de sangre entre los dedos? ¿Qué puedo decir de quien después se fue a vivir con los actores de teatro y con los gladiadores, teniéndolos a aquellos como ayuda en sus placeres y a éstos, en sus arranques de locura? ¿Qué puedo decir de quien nunca entró a un lugar tan santo y religioso en donde, por sus excesos, no dejara una sospecha de deshonra, si no era culpable otra persona? ¿Qué puedo decir de quien procuró obtener amigos de entre los senadores, a los Curios y a los Annios; de entre las grandes mansiones, a los

---

43   Podría ser alusión a otras conversaciones con Marco Tulio, no reflejadas en el *Commentariolum*.

Sapalas y Carvilios; de entre los caballeros, a los Pompilios y los Vetios? ¿Qué puedo decir de quien tiene tanta audacia, tanta indiferencia, y tan eficaz forma de desenfreno, que violó a jóvenes adolescentes casi en los brazos de sus padres? ¿Qué puedo decirte ahora sobre África y de las declaraciones de los testigos? Estas cosas son conocidas y léelas tú más a menudo.

Pero, sin embargo, no me parece que deba dejarse pasar el hecho de que, primero, de ese juicio salió tan endeudado cuanto lo estaban algunos jueces antes del juicio; y después, resultó tan ser tan odiado por la gente, que cada día se presentaba en su contra una nueva acusación. Ahora se comporta de tal manera que, si algo lo contrariaría, prefiere que le tengan miedo –si alguien habrá que le tema- antes que ser despreciado.

¡Cuánta mejor suerte se te ha dado a ti, que recientemente a un hombre nuevo como Cayo Coelio! Éste competía con dos personas tan prestigiadas, que todo en ellos era de más valor que su mismo prestigio: gran inteligencia, gran sentido del honor, muchísimas buenas obras, mucho método y cuidado en la campaña electoral; y sin embargo a uno de ellos venció Coelio, siendo de menor categoría y superior casi en nada. Por lo cual a ti te recompensarán tu manera de ser y las aficiones que siempre has practicado, si haces lo que requiere tu disponibilidad de tiempo; y si haces lo que puedas y lo que debes, no será una difícil competencia con esos contendores que no son tan distinguidos por su origen familiar como famosos por sus vicios; ¿qué ciudadano habrá tan perverso, que quiera con un solo voto desenvainar dos puñales contra la patria?

IV.- Ya que me referí a lo que tienes y puedes encontrar de ayuda en tu calidad de hombre nuevo, ahora hay que hablar sobre la importancia de tu candidatura.

Eres candidato al consulado; nadie hay que no te encuentre digno de ese cargo, pero hay muchos que te miran con malos ojos; postulas desde el orden ecuestre al más importante cargo del Estado; y que ese cargo es de tanta importancia, que a un hombre valiente, elocuente e inocente, le traerá más prestigio que a otros. No creas que quienes ya pasaron por ese cargo, no ven cuánto prestigio alcanzarás si tú también lo desempeñas. Aquellos que, nacidos de familias en las que hubo cónsules, y que no han podido conseguir el cargo que ocuparon sus antepasados, a menos que mucho te quieran, te van a odiar. Incluso hombres sin pasado familiar que llegaron al cargo de pretor, a menos que los hubieras captado por tus servicios, no desearán ser superados por ti en prestigio. Ahora bien, en el pueblo, ¿qué tantos son envidiosos, qué tantos por las amistades de estos años están alejados? Sé que esto lo tienes en la mente. Hay algunos necesariamente enojados contigo por las causas que defendiste. Ahora mira tú mismo a tu alrededor, mira el tan grande interés que pusiste en acrecentar la buena fama de Cneo Pompeyo, ¿acaso no piensas que por esa causa tienes algunos no-amigos? Por lo cual, cuando por una parte pidas el supremo cargo de la ciudadanía, y por otra, veas intereses que te son contrarios, es necesario que tengas todo un plan, gran preocupación y un trabajo escrupuloso.

V.- Ahora bien, la postulación a una magistratura está dividida en dos tipos de actividades, de las cuales una consiste en los afectos de los amigos[44] y la otra, en obtener la voluntad del pueblo[45].

---

44   "Studia amicorum" en el original; studium suele traducirse como interés, no en el sentido financiero, sino en sentido humano, de interés personal por algo o alguien; en el contexto que estamos traduciendo incluso podría traducirse por "los intereses de los amigos en tu candidatura", o más simplemente, "lealtades de los amigos".

45   "Bajo la denominación de "pueblo" se comprenden todos los

Las lealtades de los amigos es necesario alcanzarlas mediante favores y servicios, por el transcurso del tiempo, por la facilidad de trato y jovialidad de nuestra manera de ser. Pero el concepto de amigo en una candidatura es más extenso que en otras cosas de la vida. En efecto, cualquiera que muestre buena voluntad hacia ti, que te trate con consideración, que venga a menudo a tu casa, debes tenerlo por amigo. Pero con los que son amigos por una más justa causa de parentesco por consanguinidad o afinidad, o de pertenencia a una misma asociación, o de alguna relación más estrecha, con ellos conviene ser especialmente amable y jovial. Luego, se debe trabajar con ahínco para que, quien sea más de confianza y de la casa, te aprecie y desee que seas lo más exitoso posible; tal es el caso de los tribules[46], los vecinos, los clientes[47] y también los libertos[48], por último, incluso tus esclavos; pues casi toda

---

ciudadanos, incluidos patricios y senadores; la "plebe" en cambio, excluye a patricios y senadores y comprende al resto de los ciudadanos (Just. Inst. I,ii, 4).

46   Son *tríbules* los miembros de una misma tribu; eran generalmente personas de bajo perfil. Aunque lo más probable era que los tríbules fueran también vecinos, éste último término denota cercanía geográfica, sea que el vecino perteneciera o no a la misma tribu. Una probable buena traducción del término "tribulis" sea "paisano".

47   Los clientes eran personas libres que dependían, incluso económicamente, de un *patronus*, entre los cuales existían ciertos deberes recíprocos. La importancia de un romano patricio o senatorial podía medirse por el número de clientes que cada mañana acudía a la *satutatio matutina*, que tenía lugar en el *vestibulum* de la casa, donde se reunían los *clientes* en espera de su *patronus*. Había muchos que eran clientes de varios patronos; en las mañanas, en Roma, se los veía correr, con la toga enredada entre las piernas, para no perderse ninguna ceremonia y recibir en cada una de ellas, algún dinerillo.

48   Los libertos son los esclavos liberados por sus amos, en atención a su buen servicio y correcto desempeño. Algunos libertos llegaban a tener cierta posición y riqueza, pero siempre mantenían vínculos con su ex amo (patronus).

publicidad hacia la fama forense se promueve desde la casa. Luego hay que establecer tipos específicos de amistades: para la buena impresión, personas ilustres en prestigio y nombradía (los cuales, incluso si no se esfuerzan por el trabajo electoral, sin embargo otorgan al candidato un algo de dignidad); para obtener un derecho, las autoridades (primero los cónsules y luego los tribunos de la plebe); para procurarse los votos de las centurias, personas sobresalientes por su capacidad de influir. Sobre todo acércate derechamente y asegura a aquellos que quieran por tu intermedio, o esperan recaudar un impuesto por tribus o por centurias o algún otro beneficio[49], toda vez que por estos años hombres ambiciosos han trabajado con mucho interés y esfuerzo para conseguir cualquier cosa que pidieran a los miembros de su misma tribu; tómate el trabajo por todos los medios, para que tales hombres sean partidarios tuyos voluntariamente y con la mejor disposición. Si a estos hombres los tienes suficientemente agradecidos, debían tener todo preparado a tu favor, tal como confío en que lo están haciendo. Pues en los dos últimos años obligaste a tu favor, para la recolección de votos, cuatro confraternidades de hombres que están muy agradecidos: Fundanios, Galos, Cornelios, Orquivos; bien sé, ya que estuve presente, qué fue lo que ganaron y qué se aseguraron en los asuntos que te confiaron los cofrades de estas personas; por lo cual esto es lo que tienes que hacer: frecuentemente exige de ellos lo que te deben, haciéndoles recordar, pidiéndoles, repitiéndoles y procurando que entiendan que no tendrán otra oportunidad de agradecértelo; por cierto se interesarán en trabajar por la expectativa de otros favores que les puedas prestar, y por tus recientes servicios. Y sobre todo, porque tu candidatura está premunida de este

---

49   Se trataría de obtener la concesión para la recaudación de impuestos por tribus o por centurias, de forma similar como se hacía en provincia por los publicanos (ver nota 36).

tipo de amistades, -obtenidas de su defensa judicial- haz que a todos éstos, que los tienes obligados, se les dé un programa escrito claramente con las funciones de cada cual; ya que para ninguno de éstos nunca has sido incorrecto en cosa alguna, trata entonces de que comprendan que has reservado para esta oportunidad todo lo que estimas que ellos te deben.

VI.- Ahora bien, ya que las personas son inducidas a la buena disposición e interés en sufragar por tres cosas (favores, expectativas, e identidad de afectos y voluntades) es necesario tener presente de qué forma a cada uno de estos grupos se debe servir. Por los más pequeños favores los hombres son arrastrados a pensar que hay una causa suficiente para dar el voto, y con mayor motivo aquellos para los cuales fuiste su salvación —y que son muchos- entienden que jamás serán bien vistos por otras personas, si no ponen en lo tuyo, ahora, suficiente empeño. Aunque así sea, de todos modos deben ser solicitados e inducidos a entender que aún están obligados con nosotros y que nosotros a nuestro turno nos podemos ver obligados para con ellos. Para los que se mueven por las expectativas, que son un grupo mucho más diligente y activo, haz que tu ayuda sea vista como preparada a propósito para ellos; y que también entiendan que serás un observador atento al cumplimiento de sus deberes, y que verás claramente y tendrás presente lo que se vea provenir de cada uno de ellos. El tercer grupo es el de los afectos voluntarios, que será necesario asegurar agradeciéndoles, acomodando la forma de hablar a las razones por las cuales cada uno se verá como partidario tuyo, mostrando un afecto equivalente hacia ellos, y guiando su amistad hacia expectativas de un trato más íntimo y frecuente.

En todos estos grupos juzgarás y sopesarás de cuánto es capaz cada uno para determinar de qué manera les servirás y qué puedes esperar y exigir de ellos. Existen personas que son influyentes en sus vecindades y municipios, son diligentes y numerosas y que, incluso si anteriormente no se interesaron por estas buenas relaciones, fácilmente pueden, sin embargo, trabajar de inmediato por la causa por la cual deben y quieren hacerlo. A estos grupos de personas se les debe servir de tal manera que ellos mismos entiendan que ves lo que se espera de cada uno, que te das cuenta de lo que recibes, y que te acuerdas de lo que has recibido. Hay otros que o bien nada pueden, o bien son odiados por sus iguales ni tienen tanta voluntad ni poder como para destacarse de inmediato; preocúpate de reconocerlos para que no pierdas trabajo, dado que de poco te servirán si sus mayores expectativas están puestas en otro candidato.

VII.- Aunque es necesario estar confiado y protegido por amistades adquiridas y cimentadas, sin embargo durante la misma candidatura se reúnen muchas y muy útiles amistades; pues entre muchos inconvenientes, esto también tiene de gratificante una candidatura: puedes honestamente, -lo que no puedes en las otras cosas de tu vida– unir en amistad a todos los que quieras, y puedes tratar con ellos de tal forma que, si en otra oportunidad se sirvieran de ti, resultaría un absurdo tu accionar; en una candidatura, en cambio, si no lo haces con muchas personas y diligentemente, no te tendrán por candidato. Esto, pues, te aseguro: no existe una persona de la que, si te lo propones, no puedas fácilmente obtener que haga mérito para ser apreciado por ti por su propio esfuerzo y como corresponda, con solo que comprenda que lo estimas en mucho, que lo tratas con agrado, que está bien ubicado, y que de ello no nacerá una amistad electoral, sino una estable y duradera, a menos que –claro está[50]- tenga obligaciones pendientes con otro candidato.

---

50   Esta expresión entre guiones se agrega a la traducción caste-

Nadie habrá, créemelo, que tenga algún motivo para dejar pasar la oportunidad que se le ofrece de trabar amistad contigo, sobre todo cuando esta circunstancia se traduzca en que, aquellos que postulan junto a ti, y cuya amistad es despreciable o de la cual deba huirse, no pueden no solo conseguir sino que ni siquiera intentan lo que te estoy aconsejando.

¿Cómo es que Antonio comienza a reunir personas y atraerlas a su amistad, sin ser capaz de llamarlas por su nombre? Me parece que nada hay más estúpido que estimar que se interesa por ti una persona que no conoces. Una cierta fama de distinción y de dignidad, así como de grandeza en sus acciones, debe haber en quien reciba un cargo público de parte de personas desconocidas y sin ninguna otra recomendación. No puede suceder, sin grave pecado de negligencia, que un hombre ciertamente perverso, torpe, sin profesión, sin talento, con mala fama y sin tener amigos, llegue primero que otro que cuenta con el aprecio de la mayoría y que está premunido de la buena estimación de todos.

VIII.- Por lo cual procura tener aseguradas todas las centurias por muchos y variados lazos de amistad. Y en primer lugar, lo que tenemos ante los ojos: rodearás de afecto a los senadores y caballeros romanos, y a los hombres activos e influyentes de todos los demás órdenes. Muchos hombres educados e industriosos, muchos libertos hay en el foro, que son influyentes y activos; a los cuales por ti mismo y por amigos comunes tendrás en tu poder; trabaja, intenta e invítalos con la mayor solicitud para que deseen tu éxito; hazles ver que sentirás haber recibido un gran favor.

---

llana, solo para justificar el traslado de la oración adversativa al final del período.

Luego tendrás en cuenta la ciudad entera, todas las confraternidades, los barrios, las vecindades; si de entre ellos haces amistad con los cabecillas, te será fácil, por su intermedio, contar con toda la demás gente. Después haz que toda Italia la tengas en tu espíritu y en tu memoria, descrita y resumida por tribus, de forma tal que ningún municipio, colonia, jefatura o lugar y que nadie haya en Italia, en quien no tengas el apoyo que sea necesario, indagarás e investigarás a las personas de cada región, conócelos, solicítalos, asegúralos y procura que entre sus vecinos te postulen y sean una especie de candidatos en tu propia campaña; que te quieran tener por amigo si vieren que su amistad es a su vez requerida por ti; para que entiendan esto, lograrás hacer uso de la palabra en la forma que conviene. Los hombres de los municipios[51] y los campesinos, si los conocemos por sus nombres, piensan que están entre amigos; pero si además creen que se puede obtener algún tipo de protección, no pierden la ocasión de demostrar que la merecen. Los demás y especialmente tus competidores no conocen ciertamente a estas personas, tú los conoces y fácilmente los conocerás, sin lo cual no puede haber amistad.

Pero esto, sin embargo, no es suficiente, aunque sea bastante, si no ven la posibilidad de algún provecho, de modo que no solo parezcas un *nomenclator*[52] sino también un buen amigo. Cuando a todos éstos, que por su afán de popularidad entre sus iguales tienen mucha influencia, los tengas como partidarios en las centurias, así como a los demás que tienen buen

---

51   Todos los municipios estaban fuera de Roma (hoy los llamaríamos municipios rurales).

52   El *nomenclator* era generalmente esclavo que conocía de memoria los nombres de todas las personas importantes de Roma o de las ciudades donde tenía intereses su dueño; cuando éste se encontraba con alguien en la calle o el foro, el nomenclator le recordaba el nombre del otro transeúnte para saludarlo.

trato con buena parte de sus conocidos del municipio, del vecindario o de su cofradía, entonces podrás tener la mejor de las expectativas. Ahora bien, las centurias de caballeros, me parece, pueden ser alcanzadas mucho más fácilmente: primero es necesario que te sean conocidos algunos caballeros (pues son pocos), y luego abordarlos (mucho más fácilmente en esa etapa de la vida, en que la juventud[53] se une por amistad). A continuación, tienes contigo a los que más admiran tu calidad humana; entonces también, siendo tuyo el orden ecuestre, seguirán ellos la autorizada opinión de ese orden, si empleas tal diligencia, que no solo por la voluntad de ese orden, sino por la amistad de cada persona tengas aseguradas esas centurias. Pues es grande, maravilloso y honesto el interés de los jóvenes en apoyar, en recorrer, en hacer propaganda, y en estar continuamente a tu lado.

IX.- Y ya que hemos hecho mención del séquito de acompañantes, de esto también hay que preocuparse: que todos los días tengas compañía de todas las clases y edades; pues de esa abundancia se puede hacer una estimación de cuánta fuerza y poder tendrás en el lugar de votación. En este asunto tres son las cosas importantes: primero, el saludo de los que vienen a tu casa[54]; segundo, los que son tus acompañantes; tercero, tus partidarios. En cuanto a los que vienen a saludarte, que son los de más bajo nivel, y que, según lo que ahora se acostumbra, suelen ir saludar a muchas personas, esto hay que procurar, que crean que esta mínima atención de parte de ellos es para ti motivo de agradecimiento; a los que vinieren a tu casa hazles ver que los tienes en cuenta (a menudo debes decirles y hacerles ver que deben informar a sus amigos); así suele suceder que

---

53   Los romanos usaban el término "juventud" para referirse a personas desde los diecisiete hasta los cuarenta años aproximadamente.
54   Se refiere a la *salutatio matutina* (ver nota 48).

éstos, que visitan a varios candidatos, si perciben que hay solo uno que toma en cuenta esa atención, con él se comprometen y abandonan a los demás; poco a poco, de ser comunes a varios, serán tuyos propios, y de ser partidarios fingidos, resultarán votantes seguros. Ahora bien, ten muy presente esto: si a alguno que te hace una promesa, lo escucharas o pensares que ha hablado falsamente, disimularás que eso lo escuchaste o lo supiste; si alguien quiere justificarse ante ti, por creer que se sospecha de él, le dirás que nunca has dudado ni deberías dudar de su lealtad. Aquél que piensa que no va a hacer todo lo que se necesite, no puede, bajo ningún respecto, considerarse amigo. Es necesario, pues, saber en qué disposición está cada uno, para determinar cuánta confianza puedes poner individualmente en ellos.

Ahora bien, debes dar a entender y demostrar que el servicio de los que te acompañan, por ser mayor que el de los que solo te vienen a saludar, te merece mayor agradecimiento, y ya que podrá ser mayor su valor, compromételo para épocas preestablecidas. La cotidiana cantidad de acompañantes trae mucha fama, mucho prestigio.

El tercer grupo es el de los partidarios decididos. Procura que los que, entre éstos, sean voluntarios, comprendan que estás obligado con ellos para siempre por un gran servicio; a quienes algo te deben, exígeles derechamente este apoyo; a los que puedan por su edad y ocupaciones, exígeles que te acompañen constantemente; a los que personalmente no puedan seguirte, que destinen a sus amigos de confianza[55] a cumplir esta función. Yo quiero que estés en una buena posición y para eso estimo que debes siempre estar acompañado de mucha

---

55   En el original se ocupa el término *necessarii*, que puede referirse, incluso, a los parientes.

gente. Además, si van a estar junto a ti aquellos a quienes defendiste, salvaste y liberaste de sus contiendas judiciales, ello te traerá grandes alabanzas y mucho prestigio; dado que por tu actividad y sin costo para ellos, unos ganaron el juicio, otros, un cargo público, otros salvaron su vida y todo su patrimonio, exígeles abiertamente que te remuneren con este servicio, ya que después no habrá otra oportunidad en la que puedan devolver los favores.

X.- Y puesto que toda esta exposición gira en torno a las lealtades de los amigos, no parece que pueda dejarse de lado un punto relativo a esta actividad: todo está lleno de fraude, trampas y perfidia. No es propia de estos tiempos, a este propósito, una discusión eterna sobre los parámetros con los que puede distinguirse una persona bien intencionada de un simulador; solo es posible por ahora hacer alguna advertencia. Tu propia calidad humana obliga a las mismas personas, por una parte, a aparentar que son tus amigos, y por otra, a tenerte antipatía. Por lo cual recuerda aquello de Epicardio[56]: "no creas ingenuamente que los músculos y los brazos son instrumento de la sabiduría"[57] y, cuando consolides las lealtades de tus amigos has de conocer también los métodos y la manera de ser de quienes te critican por envidia y son tus adversarios. De éstos hay tres clases: una, la de los que por ti fueron perjudicados; otra, la de los que no tienen una razón para no quererte, y la tercera, la de los que son muy afectos a los otros candidatos. Unos quedaron dolidos, cuando contra ellos alegaste la causa de un amigo tuyo; justifícate claramente ante ellos; recordarás viejas amistades, guíalos hacia la esperanza de que pondrás igual empeño en el futuro en todos sus asuntos y los servirás,

---

56   Siglo V a. de C.
57   En el original no hay claridad sobre dónde comienza y dónde termina la opinión de Epicarmio.

si te dispensaren su amistad. Dedícate con favores y con promesas a los que no te quieren sin tener motivo; dedícate a ellos mostrando tu interés para que los alejes de esa malquerencia de espíritu. La buena voluntad de éstos te será algo más ajena por la amistad con tus competidores; serás servicial con ellos tanto como con los demás, y si tuvieres oportunidad, muéstrales que también eres conciliador con tus adversarios.

XI.- Puesto que ya se ha dicho suficiente de lo que corresponde al manejo de las amistades, ahora hay que hablar de la segunda parte de la candidatura, que se refiere a la relación con el pueblo. Ésta requiere usar nomenclatores[58], dar incentivos, tener constancia, bondad, reputación y buena impresión en la opinión pública. En primer lugar, lo que hagas para conocer personas, hazlo visible a los demás, y acreciéntalo para que cada día resulte mejor. Luego, aquello que no lo tienes por tu manera de ser, ponlo en tu temperamento simulando de forma tal que parezca que lo haces por ti mismo; pues no te falta compañía digna de una persona buena y tranquila, pero es necesaria mucha adulación, que aunque sea un defecto indecente en otras circunstancias de la vida, es sin embargo necesaria en una campaña electoral. Y así, cuando la adulación haga a una persona peor de lo que es, y que por consiguiente es perversa, pero como entonces nos es más amiga, no es tan criticable, y resulta necesaria al candidato, cuya apariencia y expresión del rostro, y sus palabras deben acomodarse y modificarse según el sentir y deseo de los que vinieren hacia nosotros.

La perseverancia no requiere definición, pues la misma palabra demuestra qué significado tiene; conviene no alterar bruscamente el rumbo; esto se logra con la perseverancia: estar en Roma y en el foro, asíduamente solicitar, a menudo llamar a

---

58   Ver nota 52.

las mismas personas, no permitir que alguien pueda decir que es capaz de conseguir algo que no haya sido por solicitado por tu intermedio, mucho y muy diligentemente solicitado. La bonanza[59] está a la vista de todos: está en la fortuna de la familia que, aunque no puede llegar a las multitudes, sin embargo, si es alabada por los amigos, será agradable también para todos; está en los festines, que harás que se celebren por ti y por tus amigos, por todas partes y por tribus; está también en el trabajo, que debes divulgarlo y compartirlo, y cuidar que tus puertas estén abiertas de día y de noche; y no solo las puertas de tu casa sino también la expresión de tu rostro, que es la puerta del alma; la que, si denota una personalidad disimulada e introvertida, de poco sirve abrir las puertas de la casa. La gente quiere que no solo se les prometa, especialmente lo que piden al candidato, sino también que se les prometa abundante y honorablemente. Por lo cual ciertamente ésta es una norma fácil de cumplir, que lo que vayas a hacer, demuestres que lo harás con empeño y con gusto; pero esto es más difícil por tu forma de ser que por alguna circunstancia: que lo que no puedas hacer, o bien lo rechaces amablemente o bien simules que vas a cumplir; lo primero es propio de un hombre de bien, lo segundo es propio de un buen candidato. Pues cuando se pide lo que no podemos prometer en forma honesta y sin daño para nosotros, como cuando alguien pide que aceptemos demandar a un amigo, está bien que sea denegado, que manifiestes tener relaciones de amistad, que demuestres cuanto te desagrada negarte, que los persuadas de que estás constreñido por otros asuntos.

XII.- He oído a alguien decir sobre ciertos abogados, a los cuales solicitó su patrocinio, que fue más de su agrado la res-

---

59   Incluso contrariando los mejores diccionarios, en este contexto, *benignitas*, que se lee en el original, podría traducirse por "buen éxito".

puesta de los que se negaron que la del que aceptó tomar el juicio; de esta manera las personas se dejan conquistar por la expresión del rostro y la forma de hablar más que por el interés del asunto propiamente tal. Esto último es probable en ti, aquello en cambio, es un poco duro para proponértelo[60], ya que eres platónico; pero estoy pensando en tu situación. A quienes te hubieres negado porque habría algún deber de amistad, sin embargo pueden irse tranquilos y justificándote; a quienes, en cambio, te hubieres negado por haber dicho que estás impedido o por los intereses de tus amigos, o por otras causas importantes anteriormente asumidas, se irán como enemigos pensando que habría sido preferible que les mintieras a que te negaras.

Cayo Cotta[61], un artista en conseguir votos, solía decir que, como no se le pidiera algo indebido, se comprometía generalmente con todos; los remitía a aquellos a los cuales veía mejor dispuestos; así que a nadie se negaba porque a menudo se presentaba una razón por la cual, aquel con quien se había comprometido, se desistía, y generalmente estaba menos comprometido de lo que había calculado; no podía llenar su casa con solo recibir a cuantos veía que podía cumplirles; podía darse el caso que se hicieran cosas que le parecía que no deberían hacerse; si de él dependían, entonces, que no hicieran por cualquier causa; al fin, lo peor era que se enojara aquel al cual se le hubiera mentido.

Si algo prometes, que no sea seguro, para cierto día y en pocos casos; pero si te niegas, córrete de inmediato en la mayoría de los casos. Muchos más son los que piden para poder

---

60   Es decir, Quinto piensa que es más fácil que Marco acepte una defensa a que la niegue con buenas palabras.

61   Gaius Aurelius Cotta fue cónsul en el año 75 a. de C.

usar los servicios de otro, que los que los usan personalmente. Por lo cual es preferible que algunas personas se irriten a veces contigo en los tribunales, que no todos los días en tu casa, sobre todo porque mucho más se enojan con aquellos que se negaron, que con quien se percatan que tuvo voluntad de hacer lo que prometió o quiso hacer, aunque de ningún modo habría podido lograrlo.

Que no parezca haberme perdido en la distribución de materias, discurriendo sobre la parte popular de la candidatura; esto pretendo: todo esto se refiere no solo a las lealtades de los amigos como también a la opinión de la gente; y si algo se obtiene de esta clase de personas, hay que responder benignamente y servir diligentemente a los asuntos y problemas de los amigos; pero en este punto hablo de los medios con los que puedes ganarte a la multitud, para que por la noche tu casa esté llena, que muchos estén obligados por la esperanza de tu protección, que cuando se vayan sean más amigos que cuando llegaron, que los oídos de muchos se llenen de los mejores comentarios.

XIII.- Corresponde ahora hablar de la opinión pública, a la cual hay que acomodarse especialmente. Pero todo lo que se ha dicho anteriormente, lo mismo sirve para cultivar la opinión pública, el elogio de la elocuencia, los intereses de los publicanos y del orden ecuestre, el afecto de las personas de prestigio, la concurrencia de los jóvenes, la fidelidad de aquellos a los cuales defendiste; que quede claro que la multitud venida desde distintos municipios, lo hizo por tu causa; que conoces bien a las personas, que te diriges a ellos cortésmente, que tus peticiones las formulas constante y diligentemente, que todos digan y juzguen que eres hombre de bien y generoso, que tu casa esté llena de visitas hasta altas horas de la noche, que concurren personas de todos los niveles, que conversas suficientemente con todos, que hay tema y actividad para muchos; debe realizarse lo que se puede hacer con trabajo, precisión y dedicación, no para que llegue al pueblo la fama de parte de estas personas, sino para que en estas actividades intervenga el pueblo mismo.

Esta misma multitud urbana ya la tienes en tu poder, así como las voluntades de quienes dominan las asambleas, al haber recomendado a Pompeyo, al hacerte cargo del discurso a favor de la ley Manilia[62], al defender a Cornelio; debemos poner en movimiento aquello con lo cual hasta ahora nadie contó: tener además el apoyo de personas ilustres. También esto hay que lograr: que todos sepan el gran afecto de Cneo Pompeyo hacia ti y que tú con toda tu energía, de acuerdo con sus ideas, llegas a conseguir lo que le pides.

Por último, preocúpate de que tu candidatura tenga todo un vistoso ceremonial, que sea distinguida, brillante y popular, que tenga la mejor apariencia y dignidad, y que incluso, si se puede por algún medio, que sobresalga ante los demás candidatos resaltando sus costumbres criminales, licenciosas y proclives a las dádivas.

También en esta candidatura debes mirar sobre todo porque haya una buena expectativa política y una buena opinión sobre tu persona; sin embargo, no se debe proceder con precipitación en política ni en el senado ni en una asamblea ciudadana. Esto debes lograr y mantener: que el senado te aprecie por la

---

62   La ley Manilia fue propuesta en el año 66 a. de C. por el tribuno del pueblo Lucio Manilio, con el objeto de que se nombrara a Cneo Pompeyo "comandante en jefe" del ejército romano que debía continuar la guerra contra Mitrídates, rey del Ponto, luego de que el senado hizo retornar a Roma al procónsul Lucio Lúculo, que estuvo al mando del ejército durante siete años.

forma como habrás de vivir y ser defensor de su autoridad, de la clase de los caballeros y de la gente de bien y con capacidad económica, y de tu vida pasada, como interesado en la paz y en la tranquilidad; que la muchedumbre, solo porque fuiste partidario del pueblo en tus discursos, en las asambleas y en los tribunales, estime que no estarás ajeno a sus intereses.

XIV.- Estas son las cosas que me venían a la mente sobre aquellos dos comentarios que te decía en las mañanas, cuando bajábamos todos los días al foro: "No pertenezco a una familia con tradición política, y estoy pretendiendo el consulado". Falta la tercera parte: "se trata de Roma", estado constituido por una comunidad de naciones[63], en la cual hay que soportar muchas insidias, muchas mentiras, muchos vicios en toda clase de cosas; la arrogancia de muchos, la contumacia de muchos, la odiosidad de muchos, la soberbia de muchos, el odio y el desagrado de muchos.

Veo que hay gran preocupación y estrategia para evitar encontrarse entre tantos vicios de toda clase de personas, para evitar la habladuría y las acechanzas; veo que eres la persona más apta para tanta diversidad de costumbres, lenguajes y afectos. Por lo cual una y otra vez continúa manteniendo el derrotero por el que has transitado con esfuerzo: debes sobresalir en la elocuencia; esto en Roma captura a las personas y las atrae, y las aleja de crear obstáculos y de hacer perjuicio.

---

63   La organización política de Roma varía con el correr de los siglos. Sin embargo, puede sostenerse que los municipios dentro de Italia y las provincias fuera de ella, tenían bastante autonomía para legislar y elegir algunos cargos públicos; pero Roma no permitió que esas naciones se asociaran entre sí o que celebraran tratados con potencias o reinos que estuvieran fuera del dominio romano (MOMMSEN, Derecho Público Romano, Cap. VI).

Y dado que nuestros ciudadanos son viciosos sobre todo porque suelen olvidarse de la virtud y la dignidad mediante una dádiva, en esto debes darte a conocer: comprende que tú eres el que puedes infundir a tus contendores el mayor temor por el peligro de ir a los tribunales. Haz que sepan que los vigilas y los observas; temerán tu preocupación y la autoridad y fuerza de tus discursos y ciertamente la lealtad del orden ecuestre hacia ti. Pero no quiero que esto se los des a entender de tal manera que parezca que ya estás preparando la acusación, sino para que con esta intimidación puedas lograr más fácilmente lo que estás haciendo. Y lucha derechamente con todas tus fuerzas y capacidades para lograr nuestros propósitos. Creo que ningún acto electoral hay tan corrompido por las dádivas, en el cual falte alguna centuria que apoye entusiastamente, por agradecimiento, a sus benefactores.

Por lo cual, si hacemos fiscalizar la seriedad de este asunto, si incentivamos a nuestros partidarios a su máxima lealtad, si planificamos su función a cada persona leal a nosotros y que nos esté agradecida, y si ponemos una acusación en la perspectiva de nuestros contendores y hacemos que sus intermediarios[64] teman, y, si por cualquier medio, frenamos a los que reparten[65], puede lograrse que no se dé dádiva alguna o que de nada les sirva.

---

64   Los *sequestres*, que hemos traducido eufemísticamente por "intermediarios", eran personajes importantes en el manejo ilegal de las elecciones; estaban encargados de retener hasta el día de la elección el dinero prometido por el candidato, y de pagarlo después a los electores, que previamente habían sido llevados ordenadamente por el *sequester* al lugar de votación. El cohecho o compra de votos en las elecciones siempre estuvo penado en Roma, pero las sanciones variaron con el tiempo desde muy severas (pena capital) a menos severas (inhabilidad para cargos públicos). (véanse MOMMSEN: "Derecho Penal Romano" pág.533 y ss., y BOISSIER, pág. 220 y ss.). Pero al parecer, siempre existió en la República la práctica del cohecho electoral.

65   Se refiere a los encargados por el sequester de entregar personalmente el dinero a los votantes, después de la elección.

Esto es lo que pensé, y que yo no lo sabía mejor que tú, pero que más fácilmente podía dártelo a conocer, en medio de tus ocupaciones, reunido en un solo documento. Sin embargo, lo que queda escrito no le servirá a todo el que postule a un cargo público, sino que es propiamente para ti y tu candidatura. Pero tú, si pareciera que algo debe modificarse o eliminarse completamente, o si algo se hubiera omitido, quisiera que me lo digas, porque quiero que estos consejos para la candidatura sean tenidos como algo perfecto, desde todo punto de vista.

Recomendaciones para un candidato

TEXTO LATINO

Quintus Marco Fratri s.d.

I.- Etsi tibi omnia suppetunt ea quae consequi ingenio aut usu homines aut diligentia possunt, tamen amore nostro non sum alienum arbitratus ad te perscribere ea quae mihi veniebant in mentem dies ac noctes de petitione tua cogitanti, non ut aliquid ex his novi addisceres, sed ut ea quae in re dispersa atque infinita viderentur esse ratione et distributione sub uno aspectu ponerentur.

Quamquam plurimum natura valet, tamen videtur in paucorum mensium negotio posse simulatio naturam vincere. Civitas quae sit cogita, quid petas, qui sis. Proinde cottidie tibi hoc ad forum descendenti meditandum sit: "Novus sum, consulatum peto, Roma est".

Nominis novitatem dicendi gloria maxime sublevabis. Semper ea res plurimum dignitatis habuit; non potest qui dignus habetur patronus consularium indignus consulatu putari. Quam ob rem quoniam ab hac laude proficisceris et quicquid es ex hoc es, ita paratus ad dicendum venito quasi in singulis causis iudicium de omni ingenio futurum sit. Eius facultatis adiumenta, quae tibi scio esse seposita, ut parata ac prompta sint cura, et saepe quae de Demosthenis studio et exercitatione scripsit Demetrius recordare.

Deinde fac ut amicorum et multitudo et genera appareant; habes enim ea quae qui novi habuerunt: omnes publicanos, totum fere equestrem ordinem, multa propria municipia, multos abs te defensos homines cuiusque ordinis, aliquot conlegia, praeterea studio dicendi conciliatos plurimos adulescentulos, cottidianam amicorum adsiduitatem et frequentiam. Haec cura ut teneas commonendo et rogando et omni ratione efficiendo ut intellegant qui debent tua causa, referendae gratiae, qui volunt, obligandi tui tempus sibi aliud nullum fore.

Etiam hoc multum videtur adiuvare posse novum hominem, hominum nobilium voluntas et maxime consularium; prodest, quorum in locum ac numerum pervenire velis, ab iis ipsis illo loco ac numero dignum putari. Ii rogandi omnes sunt diligenter et ad eos adlegandum est persuadendumque est iis nos semper cum optimatibus de re publica sensisse, minime populares fuisse; si quid locuti populariter videamur, id nos eo consilio fecisse ut nobis Cn. Pompeium adiungeremus, ut eum qui plurimum posset aut amicum in nostra petitione haberemus aut certe non adversarium. Praeterea adulescentes nobiles elabora ut habeas, vel ut teneas studiosos quos habes; multum dignitatis adferent. Plurimos habes; perfice ut sciant quantum in iis putes esse. Si adduxeris ut ii qui non nolunt cupiant, plurimum proderunt.

II. Ac multum etiam novitatem tuam adiuvat quod eius modi nobiles tecum petunt ut nemo sit qui audeat dicere plus illis nobilitatem quam tibi virtutem prodesse oportere. Nam P. Galbam et L. Cassium summo loco natos quis est qui petere consulatum putet? Vides igitur amplissimis ex familiis homines, quod sine nervis sint, tibi pares non esse. At Antonius et Catilina molesti sunt. Immo homini navo, industrio, innocenti, diserto, gratioso apud eos qui res iudicant, optandi competitores ambo a pueritia sicarii, ambo libidinosi, ambo egentes. Eorum alterius bona proscripta vidimus, vocem denique audivimus iurantis se Romae iudicio aequo cum homine Graeco certare non posse, ex senatu eiectum scimus optimorum censorum existimatione, in praetura competitorem habuimus amico Sabidio et Panthera, cum ad tabulam quos poneret non haberet (quo tamen in magistratu amicam quam domi palam haberet de machinis emit); in petitione autem consulatus caupones omnes compilare per turpissimam legationem maluit quam adesse et populo Romano supplicare.

Alter vero, di boni! quo splendore est? Primum nobilitate eadem qua Catilina. Num maiore? Non. Sed virtute. Quam ob rem? Quod Antonius umbram suam metuit, hic ne leges quidem, natus in patris egestate, educatus in sororiis stupris, corroboratus in caede civium, cuius primus ad rem publicam aditus in equitibus R. occidendis fuit (nam illis quos meminimus Gallis, qui tum Titiniorum ac Nanneiorum ac Tanusiorum capita demetebant, Sulla unum Catilinam praefecerat); in quibus ille hominem optimum, Q. Caecilium, sororis suae virum, equitem Romanum, nullarum partium, cum semper natura tum etiam aetate quietum, suis manibus occidit.

III. Quid ego nunc dicam petere eum tecum consulatum qui hominem carissimum populo Romano, M. Marium, inspectante populo Romano uitibus per totam urbem ceciderit, ad bustum egerit, ibi omni cruciatu lacerarit, vivo stanti collum gladio sua dextera secuerit, cum sinistra capillum eius a vertice teneret, caput sua manu tulerit, cum inter digitos eius rivi sanguinis fluerent; qui postea cum histrionibus et cum gladiatoribus ita vixit ut alteros libidinis, alteros facinoris adiutores haberet; qui nullum in locum tam sanctum ac tam religiosum accessit in quo non, etiam si in aliis culpa non esset, tamen ex sua nequitia dedecoris suspicionem relinqueret; qui ex curia Curios et Annios, ab atriis Sapalas et Caruilios, ex equestri ordine Pompilios et Vettios sibi amicissimos comparavit; qui tantum habet audaciae, tantum nequitiae, tantum denique in libidine artis et efficacitatis, ut prope in parentum gremiis praetextatos liberos constuprarit? Quid ego nunc tibi de Africa, quid de testium dictis scribam? Nota sunt, et ea tu saepius legito.

Sed tamen hoc mihi non praetermittendum videtur, quod primum ex eo iudicio tam egens discessit quam quidam iudices eius ante illud iudicium fuerunt, deinde tam inuidiosus ut aliud in eum iudicium cottidie flagitetur. Hic se sic habet ut magis timeant, etiam si quierit, quam ut contemnant, si quid commoverit.

Quanto melior tibi fortuna petitionis data est quam nuper homini novo, C. Coelio; ille cum duobus hominibus ita nobilissimis petebat ut tamen in iis omnia pluris essent quam ipsa nobilitas, summa ingenia, summus pudor, plurima beneficia, summa ratio ac diligentia petendi; ac tamen eorum alterum Coelius, cum multo inferior esset genere, superior nulla re paene, superavit. Qua re tibi, si facies ea quae natura et studia quibus semper usus es largiuntur, quae temporis tui ratio desiderat, quae potes, quae debes, non erit difficile certamen cum iis competitoribus qui nequaquam sunt tam genere insignes quam vitiis nobiles; quis enim reperiri potest tam improbus civis qui velit uno suffragio duas in rem publicam sicas destringere?

IV. Quoniam quae subsidia novitatis haberes et habere posses eui, nunc de magnitudine petitionis dicendum videtur.

Consulatum petis, quo honore nemo est quin te dignum arbitretur, sed multi qui invideant; petis enim homo ex equestri loco summum locum civitatis, atque ita summum ut forti homini, diserto, innocenti multo idem ille honos plus amplitudinis quam ceteris adferat. Noli putare eos qui sunt eo honore usi non videre, tu cum idem sis adeptus, quid dignitatis habiturus sis. Eos vero qui consularibus familiis nati cum maiorum consecuti non sunt suspicor tibi, nisi si qui admodum te amant, invidere. Etiam novos homines praetorios existimo, nisi qui tuo beneficio vincti sunt, nolle abs se te honore superari. Iam in populo quam multi invidi sint, quam multi consuetudine horum annorum ab hominibus novis alienati, venire tibi in mentem certo scio; esse etiam non nullos tibi iratos ex iis causis quas egisti necesse est. Iam illud tute circumspicito, quod ad Cn. Pompei gloriam augendam tanto studio te dedisti, num quos tibi putes ob eam causam esse non amicos. Quam ob rem cum et summum locum civitatis petas et videas esse studia quae tibi adversentur, adhibeas necesse est omnem rationem et curam et laborem et diligentiam.

V. Et petitio magistratuum divisa est in duarum rationum diligentiam, quarum altera in amicorum studiis, altera in populari voluntate ponenda est.

Amicorum studia beneficiis et officiis et vetustate et facilitate ac iucunditate naturae parta esse oportet. Sed hoc nomen amicorum in petitione latius patet quam in cetera vita; quisquis est enim qui ostendat aliquid in te voluntatis, qui colat, qui domum ventitet, is in amicorum numero est habendus. Sed tamen qui sunt amici ex causa iustiore cognationis aut adfinitatis aut sodalitatis aut alicuius necessitudinis, iis carum et iucundum esse maxime prodest. Deinde ut quisque est intimus ac maxime domesticus, ut is amet et quam amplissimum esse te cupiat valde elaborandum est, tum ut tribules, ut vicini, ut clientes, ut denique liberti, postremo etiam servi tui; nam fere omnis sermo ad forensem famam a domesticis emanat auctoribus. Deinde sunt instituendi cuiusque generis amici: ad speciem, homines inlustres honore ac nomine (qui, etiam si suffragandi studia non navant, tamen adferunt petitori aliquid dignitatis); ad ius obtinendum, magistratus (ex quibus maxime consules, deinde tribuni pl.); ad conficiendas centurias, homines excellenti gratia. Qui abs te tribum aut centuriam aut aliquod beneficium aut habeant aut ut habeant sperent, eos prorsus magno opere et compara et confirma; nam per hos annos homines ambitiosi vehementer omni studio atque opera elaborarunt ut possent a tribulibus suis ea quae peterent impetrare; hos tu homines, quibuscumque poteris rationibus, ut ex animo atque summa voluntate tui studiosi sint elaborato. Quod si satis grati homines essent, haec tibi omnia parata esse debebant, sicuti parata esse confido. Nam hoc biennio quattuor sodalitates hominum ad ambitionem gratiosissimorum tibi obligasti, C. Fundani, Q. Galli, C. Corneli, C. Orchivi; horum in causis ad te deferendis quid tibi eorum sodales receperint et confirmarint scio, nam interfui; qua re hoc tibi faciendum est, hoc tempore ut ab his quod debent exigas saepe commonendo, rogando, confirmando, curando ut intellegant nullum se umquam aliud tempus habituros referendae gratiae; profecto homines et spe reliquorum tuorum officiorum et[iam] recentibus beneficiis ad studium navandumn excitabuntur. Et omnino, quoniam eo genere amicitiarum petitio tua maxime munita est quod ex causarum defensionibus adeptus es, fac ut plane iis omnibus quos devinctos tenes discriptum ac dispositum suum cuique munus sit; et quem ad modum nemini illorum molestus nulla in re umquam fuisti, sic cura ut intellegant omnia te quae ab illis tibi deberi putaris ad hoc tempus reservasse.

VI. Sed quoniam tribus rebus homines maxime ad benevolentiam atque haec suffragandi studia ducuntur, beneficio, spe, adiunctione animi ac voluntate, animadvertendum est quem ad modum cuique horum generi sit inserviendum. Minimis beneficiis homines adducuntur ut satis causae putent esse ad studium suffragationis, nedum ii quibus saluti fuisti, quos tu habes plurimos, non intellegant, si hoc tuo tempore tibi non satis fecerint, se probatos nemini umquam fore; quod cum ita sit, tamen rogandi sunt atque etiam in hanc opinionem adducendi ut, qui adhuc nobis obligati fuerint, iis vicissim nos obligari posse videamur. Qui autem spe tenentur, quod genus hominum multo etiam est diligentius atque officiosius, iis fac ut propositum ac paratum auxilium tuum esse videatur, denique ut spectatorem te suorum officiorum esse intellegant diligentem, ut videre te plane atque animadvertere quantum a quoque proficiscatur appareat. Tertium illud genus est studiorum voluntarium, quod agendis gratiis, accommodandis sermonibus ad eas rationes propter quas quisque studiosus tui esse videbitur, significanda erga illos pari voluntate, adducenda amicitia in spem familiaritatis et consuetudinis confirmari oportebit.

Atque in his omnibus generibus iudicato et perpendito quantum quisque possit, ut scias et quem ad modum cuique inservias et quid a quoque exspectes ac postules. Sunt enim quidam homines in suis vicinitatibus et municipiis gratiosi, sunt diligentes et copiosi qui, etiam si antea non studuerunt huic gratiae, tamen ex tempore elaborare eius causa cui debent aut volunt facile possunt; his hominum generibus sic inserviendum est ut ipsi intellegant te videre quid a quoque exspectes, sentire quid accipias, meminisse quid acceperis. Sunt autem alii qui aut nihil possunt aut etiam odio sunt tribulibus suis nec habent tantum animi ac facultatis ut enitantur ex tempore; hos ut internoscas videto, ne spe in aliquo maiore posita praesidi parum comparetur.

VII. Et quamquam partis ac fundatis amicitiis fretum ac munitum esse oportet, tamen in ipsa petitione amicitiae permultae ac perutiles comparantur; nam in ceteris molestiis habet hoc tamen petitio commodi: potes honeste, quod in cetera vita non queas, quoscumque velis adiungere ad amicitiam, quibuscum si alio tempore agas ut te utantur, absurde facere videare, in petitione autem nisi id agas et cum multis et diligenter, nullus petitor esse videare. Ego autem tibi hoc confirmo, esse neminem, nisi si aliqua necessitudine competitorum alicui tuorum sit adiunctus, a quo non facile si contenderis impetrare possis ut suo beneficio promereatur se ut ames et sibi ut debeas, modo ut intellegat te magni se aestimare, ex animo agere, bene se ponere, fore ex eo non brevem et suffragatoriam sed firmam et perpetuam amicitiam.

Nemo erit, mihi crede, in quo modo aliquid sit, qui hoc tempus sibi oblatum amicitiae tecum constituendae praetermittat, praesertim cum tibi hoc casus adferat, ut ii tecum petant quorum amicitia aut contemnenda aut fugienda sit, et qui hoc quod ego te hortor non modo adsequi sed ne incipere quidem possint.

Nam qui incipiat Antonius homines adiungere atque invitare ad amicitiam quos per se suo nomine appellare non possit? mihi quidem nihil stultius videtur quam existimare esse eum studiosum tui quem non noris. Eximiam quandam gloriam et dignitatem ac rerum gestarum magnitudinem esse oportet in eo quem homines ignoti nullis suffragantibus honore adficiant; ut quidem homo nequam, iners, sine officio, sine ingenio, cum infamia, nullis amicis, hominem plurimorum studio atque omnium bona existimatione munitum praecurrat, sine magna culpa neglegentiae fieri non potest.

VIII. Quam ob rem omnes centurias multis et variis amicitiis cura ut confirmatas habeas. Et primum, id quod ante oculos est, senatores equitesque Romanos, ceterorum ordinum omnium navos homines et gratiosos complectere. Multi homines urbani industrii, multi libertini in foro gratiosi navique versantur; quos per te, quos per communes amicos poteris, summa cura ut cupidi tui sint elaborato, appetito, adlegato, summo beneficio te adfici ostendito.

Deinde habeto rationem urbis totius, conlegiorum omnium, pagorum, vicinitatum; ex his principes ad amicitiam tuam si adiunxeris, per eos reliquam multitudinem facile tenebis. Postea totam Italiam fac ut in animo ac memoria tributim discriptam comprensamque habeas, ne quod municipium, coloniam, praefecturam, locum denique Italiae ne quem esse patiare in quo non habeas firmamenti quod satis esse possit, perquiras et investiges homines ex omni regione, eos cognoscas, appetas, confirmes, cures ut in suis vicinitatibus tibi petant et tua causa quasi candidati sint. Volent te amicum, si suam a te amicitiam expeti videbunt; id ut intellegant, oratione ea quae ad eam rationem pertinet habenda consequere. Homines municipales ac rusticani, si nomine nobis noti sunt, in amicitia se esse arbitrantur; si vero etiam praesidi se aliquid sibi constituere putant, non amittunt occasionem promerendi. Hos ceteri et maxime tui competitores ne norunt quidem, tu et nosti et facile cognosces, sine quo amicitia esse non potest.

Neque id tamen satis est, tametsi magnum est, si non sequitur spes utilitatis atque ne nomenclator solum sed amicus etiam bonus esse videare. Ita cum et hos ipsos, propter suam ambitionem qui apud tribules suos plurimum gratia possunt, studiosos in centuriis habebis et ceteros qui apud aliquam partem tribulium propter municipi aut vicinitatis aut conlegi rationem valent cupidos tui constitueris, in optima spe esse debebis. Iam equitum centuriae multo facilius mihi diligentia posse teneri videntur: primum oportet cognosci equites (pauci enim sunt), deinde appeti (multo enim facilius illa adulescentulorum ad amicitiam aetas adiungitur). Deinde habes tecum ex iuventute optimum quemque et studiosissimum humanitatis; tum autem, quod equester ordo tuus est, sequentur illi auctoritatem ordines, si abs te adhibebitur ea diligentia ut non ordinis solum voluntate sed etiam singulorum amicitiis eas centurias confirmatas habeas. Nam studia adulescentulorum in suffragando, in obeundo, in nuntiando, in adsectando mirifice et magna et honesta sunt.

IX. Et, quoniam adsectationis mentio facta est, id quoque curandum est ut cottidiana cuiusque generis et ordinis et aetatis utare; nam ex ea ipsa copia coniectura fieri poterit quantum sis in ipso campo virium ac facultatis habiturus. Huius autem rei tres partes sunt: una salutatorum cum domum veniunt, altera deductorum, tertia adsectatorum. In salutatoribus, qui magis vulgares sunt et hac consuetudine quae nunc est ad plures veniunt, hoc efficiendum est ut hoc ipsum minimum officium eorum tibi gratissimum esse videatur; qui domum tuam venient, iis significato te animadvertere (eorum amicis qui illis renuntient ostendito, saepe ipsis dicito); sic homines saepe, cum obeunt plures competitores et vident unum esse aliquem qui haec officia maxime animadvertat, ei se dedunt, deserunt ceteros, minutatim ex communibus proprii, ex fucosis firmi suffragatores evadunt. Iam illud teneto diligenter, si eum qui tibi promiserit audieris fucum, ut dicitur, facere aut senseris, ut te id audisse aut scire dissimules, si qui tibi se purgare volet quod suspectum esse arbitretur, adfirmes te de illius voluntate numquam dubitasse nec debere dubitare; is enim qui se non putat satis facere amicus esse nullo modo potest. Scire autem oportet quo quisque animo sit, ut et quantum cuique confidas constituere possis.

Iam deductorum officium quo maius est quam salutatorum, hoc gratius tibi esse significato atque ostendito, et, quod eius fieri poterit, certis temporibus descendito; magnam adfert opinionem, magnam dignitatem cottidiana in deducendo frequentia.

Tertia est ex hoc genere adsidua adsectatorum copia. In ea quos voluntarios habebis, curato ut intellegant te sibi in perpetuum summo beneficio obligari; qui autem tibi debent, ab iis plane hoc munus exigito, qui per aetatem ac negotium poterunt, ipsi tecum ut adsidui sint, qui ipsi sectari non poterunt, suos necessarios in hoc munere constituant. Valde ego te volo et ad rem pertinere arbitror semper cum multitudine esse. Praeterea magnam adfert laudem et summam dignitatem, si ii tecum erunt qui a te defensi et qui per te servati ac iudiciis liberati sunt; haec tu plane ab his postulato ut, quoniam nulla impensa per te alii rem, alii honestatem, alii salutem ac fortunas omnes obtinuerint, nec aliud ullum tempus futurum sit ubi tibi referre gratiam possint, hoc te officio remunerentur.

X. Et quoniam in amicorum studiis haec omnis oratio versatur, qui locus in hoc genere cavendus sit praetermittendum non videtur. Fraudis atque insidiarum et perfidiae plena sunt omnia. Non est huius temporis perpetua illa de hoc genere disputatio, quibus rebus benevolus et simulator diiudicari possit; tantum est huius temporis admonere. Summa tua virtus eosdem homines et simulare tibi se esse amicos et invidere coegit. Quam ob rem Epicharmeion illud teneto, nervos atque artus esse sapientiae non temere credere, et, cum tuorum amicorum studia constitueris, tum etiam obtrectatorum atque adversariorum rationes et genera cognoscito. Haec tria sunt: unum quos laesisti, alterum qui sine causa non amant, tertium qui competitorum valde amici sunt. Quos laesisti, cum contra eos pro amico diceres, iis te plane purgato, necessitudines commemorato, in spem adducito te in eorum rebus, si se in amicitiam contulerint, pari studio atque officio futurum. Qui sine causa non amant, eos aut beneficio aut spe aut significando tuo erga illos studio dato operam ut de illa animi pravitate deducas. Quorum voluntas erit abs te propter competitorum amicitias alienior, iis quoque eadem inservito ratione qua superioribus et, si probare poteris, te in eos ipsos competitores tuos benevolo esse animo ostendito.

XI. Quoniam de amicitiis constituendis satis dictum est, dicendum est de illa altera parte petitionis quae in populari ratione versatur. Ea desiderat nomenclationem, blanditiam, adsiduitatem, benignitatem, rumorem, speciem in re publica. Primum id quod facis, ut homines noris, significa ut appareat, et auge ut cottidie melius fiat; nihil mihi tam populare neque tam gratum videtur. Deinde id quod natura non habes induc in animum ita simulandum esse ut natura facere videare; nam comitas tibi non deest ea quae bono ac suavi homine digna est, sed opus est magno opere blanditia, quae, etiam si vitiosa est et turpis in cetera vita, tamen in petitione necessaria est; etenim cum deteriorem aliquem adsentando facit, tum improba est, cum amiciorem, non tam vituperanda, petitori vero necessaria est, cuius et frons et vultus et sermo ad eorum quoscumque convenerit sensum et voluntatem commutandus et accommodandus est.

Iam adsiduitatis nullum est praeceptum, verbum ipsum docet quae res sit; prodest quidem vehementer nusquam discedere, sed tamen hic fructus est adsiduitatis, non solum esse Romae atque in foro sed adsidue petere, saepe eosdem appellare, non committere ut quisquam possit dicere, quod eius consequi possis, se abs te non [sit] rogatum et valde ac diligenter rogatum. Benignitas autem late patet: [et] est in re familiari, quae quamquam ad multitudinem pervenire non potest, tamen ab amicis si laudatur, multitudini grata est; est in conviviis, quae fac ut et abs te et ab amicis tuis concelebrentur

et passim et tributim; est etiam in opera, quam pervulga
et communica, curaque ut aditus ad te diurni nocturnique
pateant, neque solum foribus aedium tuarum sed etiam vultu
ac fronte, quae est animi ianua; quae si significat voluntatem
abditam esse ac retrusam, parvi refert patere ostium. Homines
enim non modo promitti sibi, praesertim quod a candidato
petant, sed etiam large atque honorifice promitti volunt. Qua
re hoc quidem facile praeceptum est, ut quod facturus sis id
significes te studiose ac libenter esse facturum; illud difficilius
et magis ad tempus quam ad naturam accommodatum tuam,
quod facere non possis, ut id aut iucunde neges aut simulate
promittas; quorum alterum est tamen boni viri, alterum
boni petitoris. Nam cum id petitur quod honeste aut sine
detrimento nostro promittere non possumus, quo modo si
qui roget ut contra amicum aliquem causam recipiamus, belle
negandum est, ut ostendas necessitudinem, demonstres quam
moleste feras, aliis te id rebus exsarturum esse persuadeas.

XII. Audivi hoc dicere quendam de quibusdam oratoribus,
ad quos causam suam detulisset, gratiorem sibi orationem
eius fuisse qui negasset quam illius qui recepisset; sic homines
fronte et oratione magis quam ipso beneficio rei capiuntur.
Verum hoc probabile est, illud alterum subdurum tibi homini
Platonico suadere, sed tamen tempori tuo consulam. Quibus
enim te propter aliquod officium necessitudinis adfuturum
negaris, tamen ii possunt abs te placati aequique discedere;
quibus autem idcirco negaris, quod te impeditum esse dixeris
aut amicorum hominum negotiis aut gravioribus causis aut
ante susceptis, inimici discedunt omnesque hoc animo sunt ut
sibi te mentiri malint quam negare.

C. Cotta, in ambitione artifex, dicere solebat se operam
suam, quod non contra officium rogaretur, polliceri solere
omnibus, impertire iis apud quos optime poni arbitraretur;

ideo se nemini negare, quod saepe accideret causa cur is cui pollicitus esset non uteretur, saepe ut ipse magis esset vacuus quam putasset; neque posse eius domum compleri qui tantum modo reciperet quantum videret se obire posse; casu fieri ut agantur ea quae non putaris, illa quae credideris in manibus esse ut aliqua de causa non agantur; deinde esse extremum ut irascatur is cui mendacium dixeris.

Id, si promittas, et incertum est et in diem et in paucioribus; sin autem neges, et certe abalienes et statim et plures; plures enim multo sunt qui rogant ut uti liceat opera alterius quam qui utuntur. Qua re satius est ex his aliquos aliquando in foro tibi irasci quam omnes continuo domi, praesertim cum multo magis irascantur iis qui negent quam ei quem videant ea ex causa impeditum ut facere quod promisit cupiat si ullo modo possit.

Ac ne videar aberrasse a distributione mea, qui haec in hac populari parte petitionis disputem, hoc sequor, haec omnia non tam ad amicorum studia quam ad popularem famam pertinere: etsi inest aliquid ex illo genere, benigne respondere, studiose inservire negotiis ac periculis amicorum, tamen hoc loco ea dico quibus multitudinem capere possis, ut de nocte domus compleatur, ut multi spe tui praesidi teneantur, ut amiciores abs te discedant quam accesserint, ut quam plurimorum aures optimo sermone compleantur.

XIII. Sequitur enim ut de rumore dicendum sit, cui maxime serviendum est. Sed quae dicta sunt omni superiore oratione, eadem ad rumorem concelebrandum valent, dicendi laus, studia publicanorum et equestris ordinis, hominum nobilium voluntas, adulescentulorum frequentia, eorum qui abs te defensi sunt adsiduitas, ex municipiis multitudo eorum quos tua causa venisse appareat, bene te ut homines nosse, comiter appellare, adsidue ac diligenter petere, benignum ac liberalem esse loquantur et existiment, domus ut multa nocte compleatur, omnium generum frequentia adsit, satis fiat oratione omnibus, re operaque multis, perficiatur id quod fieri potest labore et arte ac diligentia, non ut ad populum ab his hominibus fama perveniat sed ut in his studiis populus ipse versetur.

Iam urbanam illam multitudinem et eorum studia qui contiones tenent adeptus es in Pompeio ornando, Manili causa recipienda, Cornelio defendendo; excitanda nobis sunt quae adhuc habuit nemo quin idem splendidorum hominum voluntates haberet. Efficiendum etiam illud est ut sciant omnes Cn. Pompei summam esse erga te voluntatem et vehementer ad illius rationes te id adsequi quod petis pertinere.

Postremo tota petitio cura ut pompae plena sit, ut inlustris, ut splendida, ut popularis sit, ut habeat summam speciem ac dignitatem, ut etiam, si qua possit ratione, competitoribus tuis exsistat aut sceleris aut libidinis aut largitionis accommodata ad eorum mores infamia.

Atque etiam in hac petitione maxime videndum est ut spes rei publicae bona de te sit et honesta opinio; nec tamen in petendo res publica capessenda est neque in senatu neque in contione. Sed haec tibi sunt retinenda: ut senatus te existimet ex eo quod ita vixeris defensorem auctoritatis suae fore, equites R. et viri boni ac locupletes ex vita acta te studiosum oti ac rerum tranquillarum, multitudo ex eo quod dumtaxat oratione in contionibus ac iudicio popularis fuisti te a suis commodis non alienum futurum.

XIV. Haec mihi veniebant in mentem de duabus illis commentationibus matutinis, quod tibi cottidie ad forum descendenti meditandum esse dixeram: "Novus sum, consulatum peto". Tertium restat: "Roma est", civitas ex nationum conventu constituta, in qua multae insidiae, multa fallacia, multa in omni genere vitia versantur, multorum adrogantia, multorum contumacia, multorum malevolentia, multorum superbia, multorum odium ac molestia perferenda est.

Video esse magni consili atque artis in tot hominum cuiusque modi vitiis tantisque versantem vitare offensionem, vitare fabulam, vitare insidias, esse unum hominem accommodatum ad tantam morum ac sermonum ac voluntatum varietatem. Qua re etiam atque etiam perge tenere istam viam quam institisti, excelle dicendo; hoc et tenentur Romae homines et adliciuntur et ab impediendo ac laedendo repelluntur.

Et quoniam in hoc vel maxime est vitiosa civitas, quod largitione interposita virtutis ac dignitatis oblivisci solet, in hoc fac ut te bene noris, id est ut intellegas eum esse te qui iudici ac periculi metum maximum competitoribus adferre possis. Fac ut se abs te custodiri atque observari sciant; cum diligentiam tuam, cum auctoritatem vimque dicendi, tum profecto equestris ordinis erga te studium pertimescent. Atque haec ita te nolo illis proponere ut videare accusationem iam meditari, sed ut hoc terrore facilius hoc ipsum quod agis consequare. Et plane sic contende omnibus nervis ac facultatibus ut adipiscamur quod petimus. Video nulla esse comitia tam inquinata largitione quibus non gratis aliquae centuriae renuntient suos magno opere necessarios.

Qua re si advigilamus pro rei dignitate, et si nostros ad summum studium benevolos excitamus, et si hominibus studiosis nostri gratiosisque suum cuique munus discribimus, et si competitoribus iudicium proponimus, sequestribus metum inicimus, divisores ratione aliqua coercemus, perfici potest ut largitio nulla fiat aut nihil valeat.

Haec sunt quae putavi non melius scire me quam te sed facilius his tuis occupationibus conligere unum in locum posse et ad te perscripta mittere. Quae tametsi scripta ita sunt ut non ad omnes qui honores petant sed ad te proprie et ad hanc petitionem tuam valeant, tamen tu, si quid mutandum esse videbitur aut omnino tollendum, aut si quid erit praeteritum, velim hoc mihi dicas; volo enim hoc commentariolum petitionis haberi omni ratione perfectum.

Segunda parte
Consejos para el gobierno de una provincia

por Marco Tulio Cicerón

Introducción

Aunque los gobernadores de provincia que los romanos designaban en territorios extra itálicos poco o nada tienen que ver con los modernos gobiernos que hoy se ejercen en algún sector parcializado de una nación, existen sin embargo, temas comunes, como se podrá comprobar leyendo una carta de Marco Tulio a su hermano menor, que durante tres años estuvo a cargo, con plenos poderes, de la provincia romana de Asia.

No es el continente asiático lo que los romanos llamaban Asia, sino solamente una reducida porción de territorio que corresponde hoy día a Turquía, pero equivalente a la mitad de su actual extensión, en la parte que toca al Mar Egeo, y cuyas dos ciudades más importantes entonces eran Pérgamo y Éfeso, ambas de cultura griega como muchas de aquellas latitudes. Ankara, la actual capital de Turquía, conocida entonces como Ancyra[66], quedó –poco después de la época de los Cicerones– en la provincia de Galatia, al oriente de la provincia encomendada a Quinto y colindante con ésta. También quedaba fuera de Asia –por cierto– la pequeña parte europea de la actual Turquía, al occidente del Bósforo.

---

66   Pronunciada en época clásica probablemente como Ankyra, donde la "y" o ypsilon del alfabeto griego sonaría como la "u" francesa.

La primera posesión romana fuera de la península itálica fue Sicilia en el año 241 antes de Cristo, al finalizar la primera guerra púnica, en la cual Roma vence a una potencia muy superior, como era Cartago. Así, la expansión extraitálica de Roma para formar lo que después hemos llamado Imperio, comenzó durante la república, para luego ir ampliándose cada vez más la zona de influencia romana, hasta llegar a su mayor extensión en el año 117 después de Cristo.

Es así como ya durante la república quienes habían ocupado cargos de elección popular, como los cónsules y los pretores, eran destinados, mediante el azar o a veces mediante alguna negociación, a desempeñar cargos administrativos con autoridad militar y judicial en zonas o regiones bajo dominio romano. En época de Augusto, en cambio, cuando después del colapso de la república había nacido el gobierno marcadamente unipersonal, había provincias cuyas autoridades eran nombradas por el senado y otras, directamente por el emperador. Pero un par de décadas antes de Augusto era la suerte la que solía decidir qué ex cónsul iría a hacerse cargo de cuál provincia. En el lenguaje constitucional romano, quienes se habían desempeñado como cónsules se denominaban *proconsules*, los ex pretores eran *propraetores*, y entre ellos se distribuían los cargos de provincia, desde donde, al cabo de uno o dos años, podían volver no sin haber acumulado cierta riqueza. Era una especie de remuneración por el desempeño gratuito de cargos públicos servidos en la carrera política del ex cónsul. Tales cargos podían significar ingentes gastos, como sucedía con los *aediles*, a cargo de los edificios públicos, caminos y el mantenimiento de otras obras que originaban gastos[67]. Las autoridades

---

67   Marco Tulio opina que estos gastos deben ser mesurados y originados en la necesidad o en la conveniencia: causa igitur largitionis est, si aut necesse est aut utile. In his autem ipsis mediocritatis regula optima est (De Off., Lib.II,59).

romanas fuera de Roma, recibían recursos para el desempeño de sus cargos, en función de los gastos en que iban a incurrir, sin que ello constituyera –inicialmente- una remuneración. Después se les dio una indemnización en dinero y asignaciones para distintas finalidades (*viaticum* para gastos de viaje; *vasarium,* para compra de menaje, y otros). Por esta vía se utilizó la expansión de la frontera para enriquecimiento personal de las autoridades, a lo cual se sumaban las oportunidades de participar en jugosas transacciones mercantiles que ofrecía el hecho de estar fuera de Italia. Augusto abolió este carácter "gratuito" que tenían los cargos de provincia y les otorgó un sueldo elevado, pero fijo y preestablecido.

Si Quinto Cicerón no fue ni pretor ni cónsul, ¿cómo llegó a gobernador de Asia?

El término *gubernator*, que fue tomado del griego, significa timonel de un barco, e inicialmente solo en sentido figurado designó en latín a una autoridad que desempeñara una jefatura en provincia o que tuviera alguna responsabilidad pública, pero con el tiempo comenzó a ser empleado en el sentido que le damos actualmente. Por lo mismo el término castellano "gobierno" se relaciona con *gubernaculum* que es el timón de la nave. Las autoridades provinciales fueron designadas genéricamente en latín no como *gubernatores* sino como *praesides*, esto es "presidentes", porque estaban al frente de las provincias o presidían cuestiones específicas de su administración. Es éste, pues, un término genérico que no corresponde en forma precisa a un cargo determinado. Hacia el final del Imperio había crecido de tal manera la burocracia estatal que el elenco de cargos se torna casi infinito[68].

---

68   La *Notitia Dignitatum* constituye, tanto en el Imperio de Oriente como en el de Occidente, un completo listado de los cargos del Imperio Romano.

En el caso de Marco Tulio, mejor conocido que el de Quinto, sabemos que fue cuestor en Sicilia durante un año, en el 75 antes de Cristo[69]. Inicialmente, los cuestores militares secundaban a los cónsules para pagar el sueldo a los soldados, liquidar el botín de guerra y entregarlo al erario nacional, o para repartirlo a los mismos soldados. Pero la expansión territorial de Roma hizo que los cuestores también acompañaran a los *propraetores* en el gobierno de sus provincias y, finalmente, ellos mismos asumieran como gobernadores (*praesides*). Tal fue, entonces, en caso de Quinto.

Cuando se sortearon los destinos provinciales, a Marco Tulio le correspondió –para cuando hubiera dejado el consulado– la provincia de Macedonia, que era conocidamente lucrativa; a su colega Cayo Antonio, la Galia Cisalpina. Pero el avaro y desconsiderado Antonio no se conformaba con el segundo premio y comenzó una campaña contra Cicerón, tan vehemente, que habría sido capaz de entorpecer el funcionamiento del Estado al obstaculizar diversas medidas propuestas por su colega, aún en pleno ejercicio del cargo. Marco Tulio, dando muestras de espíritu cívico y de gran desprendimiento, le propuso el intercambio de sus destinos, lo que mitigó el fiero espíritu de su adversario; esa decisión requirió aprobación del senado y fue informada al pueblo, que no parecía muy conforme con la medida[70].

---

69   Interim me quaestorem Siciliensis excepit annus (entretanto, un año en Sicilia me ocupó como cuestor). El 69 fue edil, el 66 pretor y el 63, cónsul.

70   Ego Antonium collegam cupidum provinciae, multa in re publica molientem patientia atque obsequio meo mitigavi. Ego provinciam Galliam senatus auctoritate exercitu et pecunia instructam et ornatam, quam cum Antonio commutavi, quod ita existimabam tempora rei publicae ferre, in contione deposui reclamante populo Romano (In Pisonem, II).

Si bien los cónsules y los pretores obtenían sus caros de provincia mediante sorteo, en el caso de magistraturas menores parece haber sido común que fueran designados para alguna porción de territorio de una provincia. Esa designación sería, entonces, decisión de algún magistrado. En el caso de Quinto, luego de haber permanecido como gobernador por dos años, debió aceptar el nombramiento por un tercer período, a lo cual alude directamente Marco Tulio al comienzo de su carta.

Quinto no volvió enriquecido de su provincia, pues fue un gobernador honesto, disciplinado y exigente consigo mismo y con los demás. Por el tono de la carta de Marco Tulio se echa de ver que Quinto, después de dos años, no estaba precisamente interesado en continuar con su cargo; su hermano mayor le anima a continuar y le formula interesantes reflexiones sobre la forma como ha de llevar este tercer año, que debe ser mejor que los anteriores.

Carta de Marco Tulio Cicerón a su hermano Quinto
(Escrita en el año 60 ó 59 antes de Cristo)

TEXTO CASTELLANO

Marco saluda a su hermano Quinto[71]

I.- Aunque no dudaba de que muchas personas se iban a anticipar a esta carta, y que también lo iba a hacer la fama noticiosa, con la celeridad que le es propia, y que tú ya habrías oído de otros que un tercer año se agregaba a nuestra separación y a tus procuraciones, sin embargo, estimé que también de mi parte era necesario hacerte llegar el aviso de esta incómoda situación; pues en mis cartas anteriores (no una sino muchas) aunque otras personas ya nada esperaban, yo en cambio te daba esperanzas de un pronto regreso, no solo para disfrutar largamente de tu buena reputación, sino también porque nosotros por una parte, y los pretores por otra, habíamos hecho tanto esfuerzo en este asunto, que no creía posible que no resultara. Ahora, ya que esto es así, que ni los pretores con su influencia ni nosotros con nuestro empeño podemos lograr algo, es ciertamente difícil no soportarlo con cierto desagrado; pero a pesar de todo, nuestro espíritu, ejercitado en dirigir y sostener grandes empresas, no puede quebrarse y debilitarse por un contratiempo.

Puesto que nos deben producir una gran pesadumbre aquellas cosas acaecidas por nuestra propia culpa, existe en este caso algo que yo debo lamentar más que tú: lo que sucedió fue por culpa mía; tú por el contrario, tanto cuando partías

---

71   Fórmula habitual de salutación en el epistolario latino.

como después, por carta, habías tratado el punto, para que esto ya hubiera sido distinto el año pasado; yo no supe hacer acertadamente esa tarea, al preocuparme por el bienestar de mis amigos, al resistir a las deshonestas presiones de algunos mercaderes, al esperar hacer crecer nuestra gloria con tus méritos, especialmente cuando permití que él[72] pudiera forzar un segundo año e incluso un tercero.

Ya que confieso que la falta fue mía, dependerá de tu buen juicio y de tu buena disposición procurar y lograr que se corrija con tu activa participación lo que con mi negligencia no supe prever. Y, si tú mismo procuraras oír un poco más detenidamente a todas las partes, no para confrontarte con otros, sino contigo mismo, si toda tu mente, tu preocupación, tu pensamiento los orientas al deseo de una más distinguida reputación en todo, créeme, un solo año agregado a tu labor nos traerá la alegría de muchos años y la gloria incluso para nuestros descendientes.

Por lo tanto, esto es lo que primero te pido, no dejes que tu espíritu decaiga ni dejes que este asunto te pase por encima como una ola gigante; por el contrario, ponte firme y resiste o incluso sal al encuentro de los problemas por tu propia decisión; porque no estás a cargo de esa parte de la política que está entregada al destino, sino de aquella en que mucho pueden la razón y la dedicación. Porque si te encontraras dirigiendo una

---

72   ¿A quién alude Cicerón? Probablemente a la autoridad de la cual depende el nombramiento de Quinto. El año 60 fue elegido cónsul Cayo Julio César para asumir el 59, que correspondería al tercer año del gobierno de Quinto. Dada la influencia de César y su aspiración a manejar cada situación, la alusión podría referirse a este personaje. Tampoco puede descartarse que se refiera a Pompeyo, que había sido cónsul por primera vez en el año 70 a. de C., y ejercía gran influencia en la cosa pública (va a ser cónsul nuevamente en el año 55).

guerra grande y peligrosa y viera que te prorrogan el mando, mi corazón temblaría al entender que al mismo tiempo se prorrogaba el poder del destino sobre nosotros. Pero ahora se te ha encomendado un aspecto de la administración, en la cual el destino no toma parte o lo hace en muy pequeña medida; ese aspecto me parece que está situado completamente en tu moderación y en tu hombría de bien. No hay, según creo, temor a las emboscadas de los enemigos, ni a los enfrentamientos en combate, ni a las traiciones de los aliados, ni a la escasez de dinero o de abastecimiento, ni a una sedición en el ejército; todo lo cual acaeció muy a menudo a varones muy bien preparados que, tal como avezados marinos que no pudieron vencer la fuerza del temporal, ellos tampoco superaron la violencia del destino. A ti se te ha dado tanta paz, tanta tranquilidad, que podría deleitar al timonel que estuviera despierto, pero también hacerlo naufragar si estuviera dormido; en efecto, esa provincia está compuesta, en primer lugar, por esa clase de aliados que es la más culta entre todas las naciones; en segundo lugar, está compuesta por esa clase de conciudadanos que, o son publicanos y se unen a nosotros por necesidad, o hacen tales negocios que se han enriquecido por obra de nuestro consulado y estiman aseguradas sus fortunas.

II.- Pero entre estas personas existen graves conflictos, nacen muchas injusticias y grandes intereses contrapuestos. Tal como lo pienso, creo que no te dan poco trabajo en tu cargo. Comprendo que es un gran asunto y de mucha preocupación; pero recuerda que para mí se trata de un asunto de mucha reflexión más que un asunto que dependa en alguna medida de la suerte. ¿Qué tan duro es el trabajo de contener a aquellos que gobiernas, si eres capaz de contenerte a ti mismo? Pero esto es pesado y difícil para otras personas, y en efecto, dificilísimo: para ti esto fue siempre muy fácil y en verdad debió serlo, ya que tu naturaleza es tal, que incluso sin enseñanza pareciera haber sido bien moldeada; pero la enseñanza que recibiste es tal que podría incluso haber moldeado una naturaleza muy imperfecta. Puesto que tú resistes al deseo del dinero, de los placeres y de todas las cosas, como en efecto lo haces, creo que habrá un peligro: que no puedas reprimir a un comerciante deshonesto, que fuera algo más ambicioso que un publicano.

Ciertamente los griegos observan tu vida de tal manera, que alguna vez te creyeron lanzado hacia su provincia desde el pasado histórico[73] o incluso desde el cielo. Y esto te lo escribo no para que lo vayas a hacer ahora, sino para que disfrutes hacerlo y haberlo hecho; es algo muy bien visto haber ejercido el alto mando en Asia por tres años de tal forma, que por tu absoluta integridad y continencia, no te haya seducido ni una estatua, ni una pintura, ni un jarrón, ni una vestimenta, ni un esclavo, ni alguna belleza, ni un trato económico, posibilidades todas en las que esta provincia es abundante. ¿Qué cosa tan excelente o tan deseable puede encontrarse, que esa fortaleza, que esa mesura de espíritu y temperancia, no esté cubierta por las tinieblas ni escondida, sino expuesta a la luz del día en toda Asia, ante los ojos de una distinguida provincia y en los oídos de todas las razas y naciones? Nadie se atemorizaba por estar tú de viaje, a nadie se le exigían gastos exorbitantes, nadie se inquietaba por tu llegada. Había, por cualquier parte que anduvieras, oficialmente o como privado, una gran alegría, pues se te veía como guardián de la ciudad y no como un tirano; como huésped de la casa y no como un saqueador.

III.- Es así como ha sido la misma práctica la que, ciertamente, te enseñó que nunca es suficiente poseer uno mismo todas estas virtudes, sino que hay que mirar atentamente en

---

73   Los primeros gobernadores romanos en provincia fueron más austeros y menos ambiciosos que los que vinieron después.

rededor para demostrar que no solo tú, sino también quienes te secundan en el mando, están al servicio de los aliados, de los conciudadanos y de la sociedad civil. Tienes como delegados a quienes por sí mismos van a cuidar de tu propia dignidad, de entre los cuales Tuberón sobresale en prestigio, dignidad y edad, el cual, según creo, especialmente porque escribe historia, muchas de sus crónicas anuales las puede elegir -las que quiera- y las puede editar; nuestro amigo Alieno está con animo benevolente y sobre todo con ansias de vivir; ¿y qué diré, pues, de Gratidio, el cual sé que tanto se preocupa por su propia reputación, que incluso se preocupa por la nuestra, dado su fraternal aprecio por nosotros?

Tienes un cuestor que no ha sido elegido según tus preferencias, sino que te lo dio la suerte: es necesario que sea mesurado por su propia naturaleza y que obedezca a tus planes e instrucciones. Su alguno de ellos fuera, quizás, algo sordo, lo tolerarás hasta tanto descuide aquellas normas por las cuales personalmente haya de estar regido, pero no le permitirás que use con fines mercantiles la autoridad que tú le has confiado según su nivel administrativo; en efecto, no estoy muy de acuerdo -sobre todo cuando tales costumbres se dirigen a la falta de carácter y a la ostentación- en que tú debas vigilar tanta inmundicia y zarandear a cada uno de ellos; al contrario, debes disponer de ellos según sea su lealtad; entre éstos están los que el Estado te dio por escoltas y ayudantes en los asuntos de gobierno, pero por lo menos debes tener claros los límites a que antes me referí.

IV.- Tú has querido que todos éstos fueran tomados de la convivencia doméstica o de los colaboradores más cercanos, que suelen ser considerados como una guardia pretoriana; de estos no solo lo que hacen sino también lo que dicen debemos tenerlo bajo control. Pero tienes contigo a los que puedes elegir porque actúan bien, y fácilmente puedes poner en regla a los menos preocupados por tu imagen pública; los cuales —como eres inexperto- se creería que podrían haber traicionado tu nobleza de carácter, pues quien es de superior condición moral, difícilmente sospecha que otros pueden ser perversos. Que este tercer año tenga la misma intachable perfección que los anteriores, incluso sea más prudente y más aplicado. Sean tus oídos de tal manera que se piense que oyen aquello que oyeron, y no lo que en forma falsa y simulada se les susurró para obtener alguna ventaja; sirva tu anillo[74] no para garantizar cualquier cosa, sino como tu propia persona, y que no sea un delegado de una voluntad ajena, sino un testigo de la tuya; que tu ayudante sea de aquellos como nuestros antepasados quisieron que fueran, ya que entregaban fundadamente este cargo no como un favor, sino como un trabajo y un deber exclusivamente para sus libertos[75], a los cuales daban órdenes en forma no muy distinta que a los esclavos; que el verdugo[76] no sea ejecutor de su propia crueldad, sino de tu benignidad, y que sean portadores de símbolos y hachas rituales que signifiquen tu dignidad antes que tu autoridad.

---

74   Los Romanos usaban el anillo, dotado de algún signo distintivo, para autentificar documentos o correspondencia.

75   Los libertos, que eran esclavos a los cuales les había dado la libertad su dueño, mantenían con éste ciertas obligaciones y deberes de confianza.

76   No es exacta la traducción de "verdugo" que proponemos para el término *lictor* que aparece en el original; los *lictores*, en época republicana, representaban más bien la autoridad de los magistrados (pretores y cónsules, a los cuales acompañaban en el ejercicio de sus cargos, antes que la función del verdugo propiamente tal (*tortor* o *carnifex*): como portaban un hacha envuelta en un haz de maderos, que probablemente en época arcaica fue utilizada para aplicar la pena de muerte por decapitación, debieron tener inicialmente, una función similar a la del verdugo.

Finalmente, que toda la provincia tome conocimiento de que para ti es muy valioso el bienestar, los hijos, la buena fama y los bienes de todos los que están bajo tu gobierno. Por fin, que esto sea conocido por todos: que - cuando lo llegues a saber- vas a ser enemigo no solo de aquellos que hayan recibido algo indebidamente, sino también de aquellos que lo hayan dado; pero nadie hará aportes indebidos cuando entiendan esto: que nada suelen obtener de ti aquellos que aparentan tener mucha cercanía contigo. Y sin embargo, esto que te estoy diciendo no quiero que te induzca a ser demasiado duro con los tuyos o desconfiado. Pues si alguien en estos dos años nunca ha caído bajo sospecha de ser codicioso, como yo pienso y oigo decir de Caesio, de Xaéripo y de Labeón, a quienes conozco, a ellos creo firmemente que cualquier cosa se les puede confiar con seguridad, o a algún otro que tenga esa forma de ser: pero si a alguno ya lo hubieras descubierto y del cual tuvieres ya opinión, a ése nada le confiarás, ni arriesgarás nada ante la opinión de los demás.

V.- Si encuentras a alguien que ya hubiere entrado en tu círculo más íntimo, proveniente de la misma provincia, y que anteriormente nos hubiera sido desconocido, considera cuánta confianza le puedes tener: no se trata de que muchos habitantes de provincia no puedan ser hombres de bien, sino que, aunque se pueda tener esperanzas en ello, prejuzgar es peligroso. En efecto, a muchos los cobija la máscara de la simulación y una especie de velo cubre la verdadera naturaleza de cada uno; la frente, los ojos, la expresión del rostro muy a menudo mienten, pero las palabras mienten más a menudo todavía. Por lo cual ¿cómo puedes encontrar de entre esa clase de personas, alguien que, inducido por la avidez de dinero y carente de todas aquellas cosas a las cuales no podemos renunciar, te estime de corazón siendo tú un desconocido, y no sea simulador para su propio provecho? A mí me parece extraordinario, sobre todo si las mismas personas que generalmente no aprecian a alguien como privado, aprecian a todos los que son pretores. Si a alguno de esa clase de personas quizá has conocido que esté más comprometido contigo que con sus intereses circunstanciales –lo cual puede suceder-, a ése intégralo de buena gana a tu séquito; pero si te dieras cuenta de que no es así, en ningún tipo de personas se debe ser más precavido en cuanto a amistades, porque conocen todos los caminos del dinero y todo lo hacen por dinero; si no van a resultar gananciosos, dejarán de preocuparse por ti. E incluso hay que tener mucho cuidado de tener cierta amistad con los mismos griegos, excepto la amistad de muy pocas personas, que sean dignos representantes de la antigua Grecia; pero muchísimos son mentirosos, frívolos y, por una perenne escuela de servidumbre, adoctrinados para ser aduladores. Yo digo que a éstos se los puede aceptar generosamente, pero solo a los mejores se les debe dar hospitalidad y amistad: demasiadas amistades con ellos no son honestas ni tan duraderas; no se atreven a opinar en contra de nuestras ideas; nos detestan no solo a nosotros sino también a los de su misma calaña.

VI.- Ahora bien, queriendo ser cauto y diligente en aquellos asuntos en los cuales temo incluso ser algo duro ¿con qué temperamento piensas que se debe tratar a los esclavos? A los cuales debemos manejar bien en todo lugar, pero principalmente en provincia. Respecto de esta clase de gente pueden prescribirse muchas cosas, pero hay una norma de conducta breve y muy fácil de recordar: que deben portarse en los caminos de Asia como si se caminara por la Vía Apia, y que ni piensen en entrometerse en nada, sea que vean venir a Fulano o Mengano. Y si alguno fuera, de entre los esclavos, especialmente leal, entonces que participe en asuntos de la casa y en cuestiones privadas; pero en lo que se relacione con los deberes de tu autoridad y con algún aspecto de la administración, que

no toquen ningún asunto; muchas cosas que pueden enco-
mendarse a esclavos leales, sin embargo no conviene hacerlo
para evitar habladurías y discusiones.

Pero no sé cómo esta carta se ha ido deslizando hacia una
metódica exposición de preceptos, siendo que no era eso lo que
inicialmente me había propuesto. ¿Pero qué le estoy enseñan-
do al que entiendo que, especialmente en estas materias, no
tiene una menor preparación que yo, e incluso una experiencia
mayor? Y sin embargo, si a lo que tú ya haces se agregara la
garantía de mi experiencia, pensé que para ti todo sería mucho
más fácil. Por lo cual éstos deben ser los pilares de tu autoridad: en primer lugar, tu integridad y dominio de ti mismo;
a continuación, la moderación de todos los que estén contigo, elección muy cauta e informada de las amistades tanto de
personas de la provincia como de los griegos, y una severa y
permanente disciplina en el conjunto de esclavos. Todo lo cual
siendo honesto en nuestro proceder privado y cotidiano, es necesario que parezca venido del cielo en medio de tanto poder
y de tan depravadas costumbres, y en una provincia tan se-
ductora. Esta enseñanza y este aprendizaje pueden conservar,
al establecer y decidir tus asuntos, esa severidad que tú les has
aplicado y de la que hemos cosechado algunas rivalidades con
gran alegría de mi parte, a menos que creas que me preocupan
los alegatos de un tal Paconio, personaje que ni siquiera es
griego, o tal vez de Miso o de Frigis, o los gritos de Tuscenio,
loco furioso y despreciable, de cuyas inmundas fauces le arre-
bataste, con gran espíritu de justicia, una vergonzosa obsesión.
Esto y todo lo demás que has establecido de manera estricta
en esa provincia no fácilmente lo mantendremos sin mucha
honestidad; por lo cual debe haber mucha rigurosidad en la
administración de justicia, siempre que ella no se altere por
favores sino que se conserve imparcial.

Sin embargo, de poco sirve que tú mismo resuelvas las causas imparcial y diligentemente si no sucede lo mismo por aquellos a quienes les has delegado en parte tus atribuciones. Y a mí ciertamente me parece no haber gran variedad de asuntos en el gobierno de Asia: todo él depende principalmente de la administración de justicia, en la cual es conveniente considerar especialmente la propia forma de pensar de los habitantes de la provincia; debe agregarse la constancia y una honestidad que sea resistente no solo a los favores sino que ni siquiera dé lugar a sospechas.

También debe ser fácil que des audiencia, debe haber prudencia en las decisiones y mucha atención para actuar a tiempo y en forma razonada. En estas materias fue hace poco muy exitoso Cayo Octavio, cuyo primer lictor[77] nada tenía que hacer; guardaba silencio el ayudante[78] cada vez que alguien quería hablar y lo dejaban hablar todo el tiempo que quería; en esas actividades probablemente Octavio parecía demasiado moderado, a no ser porque esa moderación escondía un modo de ser estricto. Los hombres que andaban con el dictador Sila eran obligados a devolver lo que por la fuerza o mediante intimidación habían sustraído; los magistrados que habían dictado una sentencia injusta, debían someterse a la misma sentencia como ciudadanos privados. Amarga parecería esta severidad suya, si no se hubiera sazonado con mucha humanidad. Si esta moderación es agradable en Roma, donde hay tanta arrogancia, tanta libertad descontrolada, tan ilimitado desenfreno, y tantos magistrados, tantos soldados, tantas asambleas del pueblo,

---

77 Puede deducirse de aquí que el primer lictor ejecutaba efectivamente algunos castigos corporales (véase nota 76).
78 La traducción más habitual para *accensus* es el hoy día desusado ujier (empleado subalterno de algunos magistrados). Cuando el gobernador le daba a alguien audiencia, el *accensus* era el encargado de ponerle término, imponiendo silencio.

tanto poder en el senado, así también puede ser atractiva la concurrencia que acompaña al pretor en Asia, en la cual tanta multitud de ciudadanos y de aliados, tantas ciudades, tantos países esperan con atención la orden de un solo hombre, donde no hay un solo soldado[79], ninguna crítica, ningún senado, ninguna asamblea popular.

Por tanto, los grandes hombres -mesurados por naturaleza e instruidos en la filosofía y en los estudios de las bellas artes- deben comportarse de tal manera cuando tienen tanta autoridad, que quienes sean sus gobernados no echen de menos ninguna otra autoridad.

El Rey Ciro, ese libro de Jenofonte escrito no para ser fiel a la historia sino para reflejar la imagen de un gobierno justo, unía -según aquel filósofo- mucha severidad a una singular cortesía; sus libros no sin causa, por cierto, nuestro Africano[80] no dejaba escapar de sus manos. Nunca se faltó al deber de diligencia y de mesura en el mando; y si aquello fue respetado por quien nunca iba a ser nuevamente un privado[81], ¿de qué manera deben mostrar respeto aquellos a los cuales se les ha dado el mando para que lo restituyan, y que se les ha dado en virtud de leyes a cuya autoridad el mando debe volver?

A mí me parece que todo debe ser devuelto por parte de aquellos que son gobernantes, de modo tal que quienes van a estar bajo su mando gocen de la mayor felicidad, lo cual en ti es viejo hábito y desde un comienzo, tan pronto arribaste al Asia se te ha celebrado por boca de todos y por una constante opinión pública. Es, pues, propio no solo de quien dirige alia-

---

79   Se trata de soldados asiáticos o propios de la provincia.
80   Publio Cornelio Escipión (el Africano).
81   Se refiere al rey Ciro.

dos y conciudadanos, sino también esclavos y hasta el mudo ganado, servir los intereses y para beneficio de aquellos a quienes dirige. Ciertamente veo que has puesto el mayor cuidado en que esta situación conste para todos: ninguna nueva deuda contraída por las ciudades, pero también muchas ciudades han sido liberadas por ti de antiguas, grandes y pesadas deudas, y muchas más ciudades, que estaban destruidas y casi deshabitadas, por tu intermedio fueron refundadas, entre las cuales una es la nobilísima Jonia, otra, Caria, también Samos y Halicarnaso; no hay movimientos sediciosos en las fortalezas, no hay rivalidades; cuidas que las ciudades sean administradas por los consejos de los mejores; se acabaron los robos en Mysias, se han reprimido los asesinatos en muchos lugares, se ha establecido la paz por toda la provincia, y no solo se repelen los robos en los caminos y los campos sino los mucho más graves en las ciudades y los templos; ha sido desterrada la calumnia, cruel colaboradora de la avaricia de los pretores enriquecidos, y eliminada de la opinión pública, de los azares de la fortuna y de los momentos de ocio; los gastos y los impuestos a las ciudades son soportados por igual por quienes habitan sus territorios; fácil es pedir una entrevista contigo, tus oídos escuchan los reclamos de todos; a nadie se excluyó por su pobreza o abandono no solo de tu estrado, cuando llegabas a un lugar público, sino ni siquiera de tu casa o de tu aposento privado; todas tus órdenes nada tienen de ingrato, nada de cruel y todas están llenas de clemencia, de mansedumbre y de humanidad.

IX.- ¡Qué grande es tu obra benéfica, que has liberado a Asia de un injusto y pesado impuesto para financiar los gastos de los ediles![82]; y por lo cual nos hemos ganado grandes disgustos. Si un solo hombre de buena posición se queja ante

---

82   Recuérdese que los ediles incurrían en cuantiosos gastos de su propio peculio, para organizar juegos públicos e infraestructura.

ti porque, habiendo tú ordenado que no se dé dinero para los juegos públicos, a él le sustrajeron doscientos mil sestercios, entonces, ¿cuánto se gastaría en Roma para los juegos (como ya es usual), si los organizadores pidieran dinero en nombre de todos los patrocinadores? Estos reclamos de nuestros hombres fueron contenidos por esta razón (que no sé cómo se vería en Asia, en Roma recibiría no pocas alabanzas): porque, habiendo decretado las ciudades recursos para financiar nuestro templo y nuestro monumento, y habiéndolo ellas resuelto por una gran mayoría en consideración a mis muchos méritos y a tus grandes favores, y como la ley dispusiera expresamente de quiénes nominativamente se podía obtener dinero para el templo y para el monumento, y siendo que los recursos no se iban a perder sino que serían para la construcción del templo, de modo que se entendieran dados no para mí sino más bien para el pueblo romano y los dioses inmortales, sin embargo, aunque aquella autoridad es también ley, y provenía de quienes daban su consentimiento, estimé que no debía exigirse ese dinero, entre otros motivos, principalmente para que percibieran un mayor espíritu de justicia aquellos a los que habría estado permitido exigirles el aporte.

Por lo cual dedícate con todo tu espíritu y con todo tu esfuerzo a este proyecto, que todavía estás realizando: tenles aprecio, cuida por todos los medios y procura hacer felices a aquellos que el senado y el pueblo de Roma encomendó y confió a tu protección y autoridad[83]. Si la suerte te hubiera hecho gobernador en África, España o las Galias, naciones incivi-

---

83   Este pasaje hace pensar que fue el senado o el pueblo, mediante una ley, quien decidió encomendar a Quinto al gobierno de Asia, lo que parece contradictorio con la alusión a algún personaje de ese tiempo (ver nota 72). La contradicción podría ser solo aparente si la alusión a una autoridad correspondiera a quien tenía potestad para proponer una ley, que el pueblo podía aprobar.

lizadas y barbáricas, hubiera sido propio de tu cultura mirar por sus intereses y prestar ayuda para su provecho y bienestar material; pero como gobernamos a un especial grupo humano, en el cual no solo existe una civilización, sino también, según se piensa, es desde allí que la civilización se extendió hacia otras latitudes, ciertamente debemos retribuirles lo que de estas personas hemos recibido. En efecto, no me avergonzaré de haber dicho que lo que hemos conseguido con nuestro empeño y aptitudes, nos lo fue entregado por la tradición y enseñanzas de Grecia, sobre todo si existe una vida e historia personal en la que no puede haber sospecha alguna de desidia o frivolidad. Por lo cual, además de la lealtad que a todos se debe, me parece que también somos deudores de aquella clase de personas, cuya enseñanza nos ha perfeccionado, y siendo así, queremos manifestar ante ellos mismos lo que de ellos hemos aprendido.

X.- Platón, aquel que ciertamente es el primero en talento y erudición, fue precisamente quien pensó que las naciones serían felices cuando comenzaran a gobernarlas personas sabias e instruidas, o cuando aquellos que gobernaran pusieran todo su interés en la enseñanza y en las ciencias; pensó que esta unión entre autoridad y sabiduría podía ser la salvación de las naciones. Lo que tal vez algún día podría darse en nuestra sociedad, pero que ahora ciertamente se da en esta provincia, que quien tiene en ella la suma del poder, es quien desde su infancia empleó la mayor parte de su estudio y de su tiempo en cultivar su espíritu. Por lo cual trata de que este año que se agrega a tu trabajo, se vea que ha sido prorrogado para la salvación de Asia: ya que Asia fue más exitosa en apegarse a ti, que nosotros en separarla de ti, haz que la alegría de esta provincia sea un consuelo para que soportemos tu ausencia. Y puesto que si se te consideró el más capacitado para merecer tan alto cargo público, que no sé si alguien más lo haya merecido, al ejercer ese cargo debes poner tu mayor capacidad. Por cierto que anteriormente ya te escribí lo que pensaba sobre esta clase de cargos públicos: siempre pensé que no tenían valor si provenían del populacho, o que eran de poca importancia si se establecían para circunstancias especiales; pero si, tal como ha sucedido, se te ha sido otorgado por tus méritos, estimaba que en cumplir bien este cargo debías poner todo tu empeño. Ya que en estas ciudades vives con toda autoridad y poder y en las cuales ves tus cualidades morales reconocidas como sagradas y puestas en el número de las divinidades, en todo lo que decretes, decidas o hagas, tienes que pensar cuánto le debes a la opinión, aprecio y testimonio de tantas personas. Esto lo harás de tal manera que te preocupes por todos, que pongas remedio a la aflicción de las personas y proveas a su bienestar material; así querrás ser considerado y nombrado como el padre de Asia.

XI.- Ahora bien, los publicanos son los que ponen las mayores dificultades a tus intenciones de buena administración: si nos oponemos a ellos, los vamos a alejar de los intereses del Estado y también de nosotros mismos, siendo que hasta ahora nos han sido favorables y es por nuestro intermedio que se han relacionado con el Estado; pero si los apoyamos en todo, entonces consentiremos en el completo desastre de aquellos por cuyo bienestar e intereses debemos velar. Ésta es, si queremos pensar con franqueza, la única dificultad en todo tu gobierno; pues mostrarse abstinente, contener todos los apetitos, reprimir a nuestros subalternos, aplicar un método invariable en la justicia, ser expedito en despachar los asuntos y en oír y recibir a las personas, todo esto es más importante que difícil; no depende de un arduo trabajo sino de una cierta resolución voluntaria.

Cuánta amargura sufrieron gentes de provincia por causa de los publicanos, según supimos por conciudadanos nuestros, que hace poco en las aduanas que se suprimían en Italia se quejaban no tanto de que se les hubieran cobrado derechos, sino de ciertas injusticias cometidas por los aduaneros; por lo cual no se me escapa lo que les sucede a los provincianos en tierras lejanas, si he oído incluso en Italia los lamentos de los ciudadanos. Aquí debes comportarte de tal modo que, por una parte satisfagas a los publicanos, especialmente en los impuestos mal recaudados, y por la otra, no permitas que quiebren los contribuyentes; esto parece corresponder a algún designio divino, pero es propio de ti. En primer lugar, no debe parecer tan doloroso, lo que para los Griegos es dolorosísimo, como son los impuestos, porque aun sin el imperio del pueblo romano, sus leyes tributarias ya lo eran; no pueden despreciar la palabra "publicano" ellos, que no fueron capaces, cuando no había publicanos, de pagar el impuesto que proporcionalmente había establecido Sila[84]; que los griegos no son más moderados que nuestros publicanos en la cobranza de impuestos, puede deducirse de este hecho: que hace poco los Caunos y todos los de las islas que habían sido entregadas por Sila a los Rodios, se presentaron en masa al senado para pagar impuestos a nosotros y no a los Rodios[85]. No hay razón, entonces, para que la palabra "publicano" les ponga los pelos de punta a los que siempre pagaron tributo, ni les merezca desprecio a los que por sí mismos no pudieron pagarlo, ni rechazo a aquellos que nos

---

84   En época de Sila (82 al 79), Asia estuvo sustraída —por obra de Lúculo- de la cobranza de impuestos por los publicanos, que anteriormente habían esquilmado la provincia, y en su lugar, la cobranza estaba encomendada al gobernador. Como se deduce de este pasaje de Cicerón, ahora (60 ó 59) los publicanos ya habían vuelto por su presa y no estaban dispuestos a soltarla (Véase BURDESE, pág.169).

85   Recuérdese que Rodas era una isla griega, que el en siglo IV antes de Cristo ya era aliada de Atenas.

prefirieron. Al mismo tiempo esto deben pensar los asiáticos: no les habrían faltado las desgracias ni por guerras externas ni por confrontaciones internas, si no estuvieran bajo el poder de Roma; como este poder no puede, bajo ningún respecto, mantenerse sin pagar impuestos, que compren de buen ánimo con una parte de sus ganancias una paz duradera y la tranquilidad de sus vidas.

XII.- Si logran ver sin hostilidad a la familia de los publicanos y a sus personas, podrá, con tu consejo y tu prudencia, parecerles más llevadero el resto; al celebrar sus contratos pueden esperar no un edicto para hacer el censo, sino más bien la facilidad para llevar adelante sus operaciones con menos formalidades; puedes tú también hacer esto, que ya has hecho y lo haces muy bien: que les recuerdes cuánta dignidad hay en los publicanos, cuánto le debemos nosotros a esa comunidad, de modo que, sin recurrir al poder, ni a la fuerza de la autoridad, ni a los símbolos del mando, puedas hacer coincidir a los publicanos con los griegos mediante la garantía de la confianza, pero también a aquellos ante quienes eres meritorio y todo te lo deben, debes pedir esto: que con su buena disposición consientan en que podamos conservar el trato amistoso que hay entre nosotros y los publicanos.

Pero ¿por qué te estoy recomendando esto, que tú no solo puedes hacer por ti mismo y sin recibir consejos, sino que incluso en gran parte ya lo has hecho? En efecto, no dejan de darnos las gracias todos los días honestísimas e importantes sociedades; por lo cual para mí ciertamente es muy agradable el hecho de que los griegos hagan lo mismo; difícil es unir por intereses, ventajas y afectos, aquellas cosas que son distintas como por naturaleza; pero todo aquello que te vengo escribiendo, no lo hice para darte enseñanzas (tu experiencia no requiere preceptos de nadie), sino que al escribir, yo mismo me deleito con el recuerdo de tus virtudes; pero en esta carta he ido más lejos de lo que hubiera querido o de lo que pensaba que me iba a extender.

XIII.- Hay una cosa de la que no dejaré de hacerte presente ni aceptaré en cuanto dependa de mí: que recibas alabanzas sin medida. Todos los que de allá vienen hacen recuerdos de tu virtud, honradez y humanidad, y entre las alabanzas que te prodigan hacen una sola excepción: tu propensión a la ira; este defecto puede parecer, en la vida privada y cotidiana, propio de un espíritu sin importancia y sin valor, pero nada es tan horrible como agregar al poder total, una naturaleza violenta. Eso no lo voy a aceptar, de modo que te diré lo que personas de gran sabiduría suelen decir sobre la ira, a pesar de que no quiero que esta carta sea demasiado larga y de que hay mucha literatura donde puedes fácilmente encontrarlo; no quiero dejar de lado aquello que es propio de una carta: informar al destinatario sobre lo que no sabe. Esto es lo que casi todos nos informan: nada puede ser más encantador que tú, cuando no estás enojado, pero, cuando te hubiere alterado la falta de probidad o la maldad de alguien, de tal manera entonces te arrebatas, que todos echan de menos tus sentimientos de humanidad. Así que, porque a nosotros nos impulsó a nuestro modo de vida no tanto un cierto deseo de gloria como circunstancias de hecho y el propio destino, de forma tal que siempre en el futuro se va a hablar de nosotros, debemos cuidar, en cuanto sea posible que así resulte y lo logremos, que no se vaya a decir que hubo en nosotros un tan marcado defecto.

Tampoco ahora pretendo cambiar tu manera de ser y arrancar lo que esté profundamente arraigado en tus costumbres; lo que tal vez en cualquier cosa y también a nuestra edad es difícil; pero esto te advierto, que si no lo puedes evitar completamente, entonces antes que tu mente esté doblegada por la ira, que la razón pueda prevenir que tu mente no se doblegue, de modo que estés preparado y que todos los días reflexiones en que se debe resistir a la ira, y cuanto más ella invada tu espíritu, entonces es cuando debes contener más resueltamente tu lengua; ciertamente me parece que tener fuerza de voluntad es un mérito no menor que no dar paso –jamás- a la ira. Pues me parece que eso es propio no solo de la dignidad sino también a veces de la mansedumbre; gobernar la mente y la palabra cuando te ataca la ira, o incluso callar y mantener bajo nuestro poder las emociones y la aflicción, aunque no sea la perfecta sabiduría, es propio de un buen carácter.

En este orden de cosas dicen que ya has mejorado y estás más calmado: no llegan hasta nosotros las vehementes exaltaciones de tu temperamento, ni tus maldiciones ni los insultos, que no se pueden escribir, ya que son contrarios a la cultura, al poder y a la dignidad; pues si no pueden dominarse los ataques de ira, se produce una gran angustia, pero si son manejables, entonces, como en todo lo que es malo, debe preferirse ser simple de carácter antes que amargar a los demás.

XIV.- Ya que en tu primer[86] año conversamos bastante de estos aspectos censurables (porque, creo, la injusticia de los hombres, su avaricia, su prepotencia, te parecían intolerables más de la cuenta), el segundo año estuviste mucho mejor, porque la práctica, la reflexión y, según me parece, también mis cartas te volvieron más paciente; en el tercer año todo debe corregirse de tal manera, que nadie pueda levantar contra ti la más mínima crítica. Y en este punto ya no te exhorto ni te doy normas de conducta, sino te ruego como hermano que pongas toda tu alma, tu preocupación y tu pensamiento en cosechar

---

86   Se refiere al primer año de Quinto en Asia: 62 ó 61 antes de Cristo.

por todas partes los elogios de todos. Porque si nuestra situación dependiera de pequeñas conversaciones y comentarios, no se te pediría nada extraordinario más allá de lo que a otros se suele pedir; pero ahora, por el prestigio y grandeza de las empresas en que participamos, si no conseguimos salir de esa provincia con los mayores elogios, apenas podremos evitar una gran censura.

Éste es nuestro plan: que toda la gente de bien, que así como nos apoya también pide y espera nuestro correcto desempeño y nuestro valor, y toda la gente detestable, a quienes hemos declarado guerra eterna, se vean impedidos de efectuar la más mínima crítica. Ya que se ha dado en Asia el espectáculo de tu hombría de bien, como en un teatro repleto de público, importante por su cantidad, cultísimo por sus expresiones, pero por su manera de ser de tal forma resonante, cuyas voces de aceptación lleguen hasta Roma; por eso trata, por favor, y trabaja para mostrarte no solo digno de todo esto sino también para se vea que todo lo superaste con tu talento.

XV.- Dado que a mí la suerte me dio un cargo para servir a la república en la capital y a ti en una provincia, y si mi actuación no es inferior a la de ningún otro, haz que la tuya supere a los demás.

También piensa en esto: no nos afanamos para una gloria futura y deseada, sino luchamos para conservar la adquirida, que ciertamente debemos protegerla aun más de lo que la hemos buscado. Y si algo me hubiera alejado de ti, nada más desearía que la misma situación a la que he llegado; pero ahora las cosas están dadas de esta manera: a menos que todo lo que has hecho y dicho allá corresponda a nuestra situación, personalmente pensaré que nada he conseguido de tantos afanes y peligros, de todos los cuales tú has sido partícipe. Porque si para que lográramos un nombre ilustre, tú ayudaste como ningún otro, entonces para que eso mismo lo conservemos, como ningún otro vas a trabajar. No debes tomar en cuenta solo las opiniones y juicios de los hombres de hoy día, sino también de las generaciones futuras, cuyo juicio será más certero, por estar libre de envidia y de mala voluntad. Finalmente esto también debes pensar: no buscas la gloria solo para ti mismo; y aunque si así fuera, no olvidarías sin embargo, haber querido consagrar la memoria de tu nombre con grandes monumentos; pero debes compartirla conmigo y proyectarla a nuestros hijos; en lo cual se debe precaver, si fueras algo descuidado, que no parezcas haber tenido poca preocupación por los tuyos e incluso haberlos mal querido.

XVI.- Todo esto no ha sido dicho para que mis palabras te despierten si estás durmiendo, sino más bien que parezca que se te aplican las espuelas cuando ya venías galopando; harás, pues, lo que siempre has hecho para que todos hablen bien de tu justicia, de tu moderación, de tu rectitud y de tu honestidad. Pero tu infinito deseo de gloria en alguna forma me preocupa por el especial cariño que te tengo. Sin embargo esto pienso: que nada hay que corresponda a una buena consideración que tú no lo percibas perfectamente y te venga a la mente todos los días, sin que nadie te lo esté advirtiendo, puesto que Asia te es conocida como a cada uno su propia casa, y puesto que a tu gran sabiduría se ha agregado la práctica. Pero porque yo, cuando leo lo que me escribes me parece que te oigo, y cuando te escribo me parece que te hablo, entonces me deleito enormemente con la más extensa de tus cartas, y yo mismo soy a menudo algo extenso.

Para terminar, esto es lo que te pido y ruego: que al igual que suelen hacer los buenos autores y los experimentados actores de teatro, así tú en la última parte y conclusión de tu cargo y de tu obra sé especialmente diligente, para que este tercer año de tu gobierno parezca haber sido como un tercer acto perfectísimo y bellísimo. Fácilmente lo lograrás si tendrás presente que siempre estaré en todo lo que digas y hagas, pues has querido que yo me sienta complacido más que nadie en el mundo. Solo falta que te pida encargarte diligentemente de tu salud, si quieres que yo y todos los tuyos nos sintamos en buena forma. Que estés bien.

Carta de Marco Tulio Cicerón a su hermano Quinto
(Sobre el Gobierno de la Provincia)

Texto latino

Marcus Quinto Fratri sal

I.- Etsi non dubitabam quin hanc epistulam multi nuntii, fama denique esset ipsa sua celeritate superatura tuque ante ab aliis auditurus esses annum tertium accessisse desiderio nostro et labori tuo, tamen existimavi a me quoque tibi huius molestiae nuntium perferri oportere: nam superioribus litteris, non unis, sed pluribus, cum iam ab aliis desperata res esset, tamen tibi ego spem maturae decessionis afferebam, non solum ut quam diutissime te iucunda opinione oblectarem, sed etiam quia tanta adhibebatur et a nobis et a praetoribus contentio, ut rem posse confici non diffiderem; nunc, quoniam ita accidit, ut neque praetores suis opibus neque nos nostro studio quidquam proficere possemus, est omnino difficile non graviter id ferre, sed tamen nostros animos maximis in rebus et gerendis et sustinendis exercitatos frangi et debilitari molestia non oportet.

Quoniam ea molestissime ferre homines debent, quae ipsorum culpa contracta sunt, est quiddam in hac re mihi molestius ferendum quam tibi: factum est enim mea culpa, contra quam tu mecum et proficiscens et per litteras egeras, ut priore anno non succederetur; quod ego, dum saluti sociorum consulo, dum impudentiae nonnullorum negotiatorum resisto, dum nostram gloriam tua virtute augeri expeto, feci non sapienter, praesertim cum id commiserim, ut ille alter annus etiam tertium posset adducere.

Quod, quoniam peccatum meum esse confiteor, est sapientiae atque humanitatis tuae curare et perficere, ut hoc minus sapienter a me provisum diligentia tua corrigatur. Ac, si te ipse vehementius ad omnes partes bene audiendi excitaris, non ut cum aliis, sed ut tecum iam ipse certes, si omnem tuam mentem, curam, cogitationem ad excellentis in omnibus rebus laudis cupiditatem incitaris, mihi crede, unus annus additus labori tuo multorum annorum laetitiam nobis, immo vero etiam posteris nostris afferet.

Quapropter hoc te primum rogo, ne contrahas aut demittas animum neve te obrui, tamquam fluctu, sic magnitudine negotii sinas, contraque te erigas ac resistas sive etiam ultro occuras negotiis; neque enim eiusmodi partem rei publicae geris, in qua fortuna dominetur, sed in qua plurimum ratio possit et diligentia. Quod si tibi bellum aliquod magnum et periculosum administranti prorogatum imperium viderem, tremerem animo, quod eodem tempore esse intelligerem etiam fortunae potestatem in nos prorogatam: nunc vero ea pars tibi rei publicae commissa est, in qua aut nullam aut perexiguam partem fortuna teneat et quae mihi tota in tua virtute ac moderatione animi posita esse videatur. Nullas, ut opinor, insidias hostium, nullam proelii dimicationem, nullam defectionem sociorum, nullam inopiam stipendii aut rei frumentariae, nullam seditionem exercitus pertimescimus; quae persaepe sapientissimis viris acciderunt, ut, quemadmodum gubernatores optimi vim tempestatis, sic illi fortunae impetum superare non possent. Tibi data est summa pax, summa tranquillitas, ita tamen, ut ea dormientem gubernatorem vel obruere, vigilantem etiam delectare possit; constat enim ea provincia primum ex eo genere sociorum, quod est ex hominum omni genere humanissimum, deinde ex eo genere civium, qui aut, quod publicani sunt, nos summa necessitudine attingunt aut, quod ita negotiantur, ut locupletes sint, nostri consulatus beneficio se incolumes fortunas habere arbitrantur.

II.- At enim inter hos ipsos existunt graves controversiae, multae nascuntur iniuriae, magnae contentiones consequuntur. Quasi vero ego id putem, non te aliquantum negotii sustinere. Intelligo permagnum esse negotium et maximi consilii, sed memento consilii me hoc negotium esse magis aliquanto quam fortunae putare; quid est enim negotii continere eos, quibus praesis, si te ipse contineas? id autem sit magnum et difficile ceteris, sicut est difficillimum: tibi et fuit hoc semper facillimum et vero esse debuit, cuius natura talis est, ut etiam sine doctrina videatur moderata esse potuisse, ea autem adhibita doctrina est, quae vel vitiosissimam naturam excolere possit. Tu cum pecuniae, cum voluptatis, cum omnium rerum cupiditati resistes, ut facis, erit, credo, periculum, ne improbum negotiatorem, paulo cupidiorem publicanum comprimere non possis.

Nam Graeci quidem sic te ita viventem intuebuntur, ut quendam ex annalium memoria aut etiam de caelo divinum hominem esse in provinciam delapsum putent. Atque haec nunc non ut facias, sed ut te et facere et fecisse gaudeas scribo; praeclarum est enim summo cum imperio fuisse in Asia triennium sic, ut nullum te signum, nulla pictura, nullum vas, nulla vestis, nullum mancipium, nulla forma cuiusquam, nulla condicio pecuniae, quibus rebus abundat ista provincia, ab summa integritate continentiaque deduxerit; quid autem reperiri tam eximium aut tam expetendum potest, quam istam virtutem, moderationem animi, temperantiam non latere in tenebris neque esse abditam, sed in luce Asiae, in oculis clarissimae provinciae atque in auribus omnium gentium ac nationum esse positam? non itineribus tuis perterreri homines, non sumptu exhauriri, non adventu commoveri? esse, quocumque veneris, et publice et privatim maximam laetitiam, cum urbs custodem, non tyrannum, domus hospitem, non expilatorem recepisse videatur?

III.- His autem in rebus iam te usus ipse profecto erudivit nequaquam satis esse ipsum has te habere virtutes, sed esse circumspiciendum diligenter, ut in hac custodia provinciae non te unum, sed omnes ministros imperii tui sociis et civibus et rei publicae praestare videare. Quamquam legatos habes eos, qui ipsi per se habituri sint rationem dignitatis suae, de quibus honore et dignitate et aetate praestat Tubero, quem ego arbitror, praesertim cum scribat historiam, multos ex suis annalibus posse deligere, quos velit et possit imitari, Allienus autem noster est cum animo et benevolentia, tum vero etiam imitatione vivendi; nam quid ego de Gratidio dicam? quem certe scio ita laborare de existimatione sua, ut propter amorem in nos fraternum etiam de nostra laboret.

Quaestorem habes non tuo iudicio delectum, sed eum, quem sors dedit: hunc oportet et sua sponte esse moderatum et tuis institutis ac praeceptis obtemperare. Quorum si quis forte esset sordidior, ferres eatenus, quoad per se neglegeret eas leges, quibus esset astrictus, non ut ea potestate, quam tu ad dignitatem permisisses, ad quaestum uteretur; neque enim mihi sane placet, praesertim cum hi mores tantum iam ad nimiam lenitatem et ad ambitionem incubuerint, scrutari te omnes sordes, excutere unum quemque eorum, sed, quanta sit in quoque fides, tantum cuique committere. Atque inter hos eos, quos tibi comites et adiutores negotiorum publicorum dedit ipsa res publica, dumtaxat finibus iis praestabis, quos ante praescripsi.

IV.- Quos vero aut ex domesticis convictionibus aut ex necessariis apparitionibus tecum esse voluisti, qui quasi ex cohorte praetoris appellari solent, horum non modo facta, sed etiam dicta omnia praestanda nobis sunt. Sed habes eos tecum, quos possis recte facientes facile diligere, minus consulentes existimationi tuae facillime coercere: a quibus, rudis cum esses, videtur potuisse tua liberalitas decipi, nam, ut quisque est vir optimus, ita difficillime esse alios improbos suspicatur; nunc vero tertius hic annus habeat integritatem eandem, quam superiores, cautiorem etiam ac diligentiorem. Sint aures tuae, quae id, quod audiunt, existimentur audire, non in quas ficte et simulate quaestus causa insusurretur; sit anulus tuus non ut vas aliquod, sed tamquam ipse tu, non minister alienae voluntatis, sed testis tuae; accensus sit eo numero, quo eum maiores nostri esse voluerunt, qui hoc non in beneficii loco, sed in laboris ac muneris non temere nisi libertis suis deferebant, quibus illi quidem non multo secus ac servis imperabant; sit lictor non saevitiae suae, sed tuae lenitatis apparitor, maioraque praeferant fasces illi ac secures dignitatis insignia quam potestatis.

Toti denique sit provinciae cognitum tibi omnium, quibus praesis, salutem, liberos famam, fortunas esse carissimas; denique haec opinio sit, non modo iis, qui aliquid acceperint, sed iis etiam, qui dederint, te inimicum, si id cognoveris, futurum: neque vero quisquam dabit, cum erit hoc perspectum, nihil per eos, qui simulant se apud te multum posse, abs te solere impetrari. Nec tamen haec oratio mea est eiusmodi, ut te in tuos aut durum esse nimium aut suspiciosum velim: nam, si quis est eorum, qui tibi biennii spatio numquam in suspicionem avaritiae venerit, ut ego Caesium et Chaerippum et Labeonem et audio et, quia cognovi, existimo, nihil est, quod non et iis et si quis est alius eiusdemmodi et committi et credi rectissime putem; sed, si quis est, in quo iam offenderis, de quo aliquid senseris, huic nihil credideris, nullam partem existimationis tuae commiseris.

V.- In provincia vero ipsa si quem es nactus, qui in tuam familiaritatem penitus intrarit, qui nobis ante fuerit ignotus, huic quantum credendum sit, vide: non quin possint multi esse provinciales viri boni, sed hoc sperare licet, iudicare periculosum est; multis enim simulationum involucris tegitur et quasi velis quibusdam obtenditur unius cuiusque natura: frons, oculi, vultus persaepe mentiuntur, oratio vero saepissime. Quamobrem qui potes reperire ex eo genere hominum, qui pecuniae cupiditate adducti careant iis rebus omnibus, a quibus nos divulsi esse non possumus, te autem, alienum hominem, ament ex animo ac non sui commodi causa simulent? Mihi quidem permagnum videtur, praesertim si iidem homines privatum non fere quemquam, praetores semper omnes amant: quo ex genere si quem forte tui cognosti amantiorem —fieri enim potuit— quam temporis, hunc vero ad tuorum numerum libenter ascribito; sin autem id non perspicies, nullum genus erit in familiaritate cavendum magis, propterea quod et omnes vias pecuniae norunt et omnia pecuniae causa faciunt et, quicum victuri non sunt, eius existimationi consulere non curant. Atque etiam e Graecis ipsis diligenter cavendae sunt quaedam familiaritates praeter hominum perpaucorum, si qui sunt vetere Graecia digni: sic vero fallaces sunt permulti et leves et diuturna servitute ad nimiam assentationem eruditi: quos ego universos adhiberi liberaliter, optimum quemque hospitio amicitiaque coniungi dico oportere; nimiae familiaritates eorum neque tam fideles sunt —non enim audent adversari nostris voluntatibus—, et invident non nostris solum, verum etiam suis.

VI.- Iam, qui in eiusmodi rebus, in quibus vereor etiam ne durior sim, cautus esse velim ac diligens, quo me animo in servis esse censes? quos quidem cum omnibus in locis, tum praecipue in provinciis regere debemus; quo de genere multa praecipi possunt, sed hoc et brevissimum est et facillime teneri potest, ut ita se gerant in istis Asiaticis itineribus, ut si iter Appia via faceres, neve interesse quidquam putent, utrum Trallis an Formias venerint. Ac, si quis est ex servis egregie fidelis, sit in domesticis rebus et privatis, quae res ad officium imperii tui atque ad aliquam partem rei publicae pertinebunt, de his rebus ne quid attingat; multa enim, quae recte committi servis fidelibus possunt, tamen sermonis et vituperationis vitandae causa committenda non sunt.

Sed nescio quo pacto ad praecipiendi rationem delapsa est oratio mea, cum id mihi propositum initio non fuisset; quid enim ei praecipiam, quem ego, in hoc praesertim genere, intelligam prudentia non esse inferiorem quam me, usu vero etiam superiorem? sed tamen, si ad ea, quae faceres, auctoritas accederet mea, tibi ipsi illa putavi fore iucundiora. Quare sint haec fundamenta dignitatis tuae: tua primum integritas et continentia, deinde omnium, qui tecum sunt, pudor, delectus in familiaritatibus et provincialium hominum et Graecorum percautus et diligens, familiae gravis et constans disciplina. Quae cum honesta sint in his privatis nostris quotidianisque rationibus, in tanto imperio tam depravatis moribus, tam corruptrice provincia divina videantur necesse est. Haec institutio atque haec disciplina potest sustinere in rebus statuendis et decernendis eam severitatem, qua tu in iis rebus usus es, ex quibus nonnullas simultates cum magna mea laetitia susceptas habemus: nisi forte me Paconii nescio cuius, hominis ne Graeci quidem ac Mysi aut Phrygis potius, querelis moveri putas aut Tuscenii, hominis furiosi ac sordidi, vocibus, cuius tu ex impurissimis faucibus inhonestissimam cupiditatem eripuisti summa cum aequitate.

VII.- Haec et cetera plena severitatis, quae statuisti in ista provincia, non facile sine summa integritate sustinuerimus;

quare sit summa in iure dicundo severitas, dummodo ea ne varietur gratia, sed conservetur aequabilis.

Sed tamen parvi refert abs te ipso ius dici aequabiliter et diligenter, nisi idem ab iis fiet, quibus tu eius muneris aliquam partem concesseris. Ac mihi quidem videtur non sane magna varietas esse negotiorum in administranda Asia, sed ea tota iurisdictione maxime sustineri; in qua scientiae, praesertim provincialis, ratio ipsa expedita est: constantia est adhibenda et gravitas, quae resistat non solum gratiae, verum etiam suspicioni.

Adiungenda etiam est facilitas in audiendo, lenitas in decernendo, in satisfaciendo ac disputando diligentia. Iis rebus nuper C. Octavius iucundissimus fuit, apud quem proximus lictor quievit, tacuit accensus, quoties quisque voluit dixit et quam voluit diu; quibus ille rebus fortasse nimis lenis videretur, nisi haec lenitas illam severitatem tueretur: cogebantur Sullani homines, quae per vim et metum abstulerant, reddere; qui in magistratibus iniuriose decreverant, eodem ipsis privatis erat iure parendum. Haec illius severitas acerba videretur, nisi multis condimentis humanitatis mitigaretur. Quod si haec lenitas grata Romae est, ubi tanta arrogantia est, tam immoderata libertas, tam infinita hominum licentia, denique tot magistratus, tot auxilia, tanta vis populi, tanta senatus auctoritas, quam iucunda tandem praetoris comitas in Asia potest esse, in qua tanta multitudo civium, tanta sociorum, tot urbes, tot civitates unius hominis nutum intuentur, ubi nullum auxilium est, nulla conquestio, nullus senatus, nulla contio.

Quare permagni hominis est et cum ipsa natura moderati, tum vero etiam doctrina atque optimarum artium studiis eruditi sic se adhibere in tanta potestate, ut nulla alia potestas ab iis, quibus is praesit, desideretur.

VIII.- Cyrus ille a Xenophonte non ad historiae fidem scriptus est, sed ad effigiem iusti imperii; cuius summa gravitas ab illo philosopho cum singulari comitate coniungitur: quos quidem libros non sine causa noster ille Africanus de manibus ponere non solebat; nullum est enim praetermissum in iis officium diligentis et moderati imperii, eaque si sic coluit ille, qui privatus futurus numquam fuit, quonam modo retinenda sunt iis, quibus imperium ita datum est, ut redderent, et ab iis legibus datum est, ad quas revertendum est?

Ac mihi quidem videntur huc omnia esse referenda iis, qui praesunt aliis, ut ii, qui erunt in eorum imperio, sint quam beatissimi: quod tibi et esse antiqissimum et ab initio fuisse, ut primum Asiam attigisti, constanti fama atque omnium sermone celebratum est. Est autem non modo eius, qui sociis et civibus, sed etiam eius, qui servis, qui mutis pecudibus praesit, eorum, quibus praesit, commodis utilitatique servire; cuius quidem generis constare inter omnes video abs te summam adhiberi diligentiam: nullam aes alienum novum contrahi civitatibus, vetere autem magno et gravi multas abs te esse liberatas; urbes complures dirutas ac paene desertas, in quibus unam Ioniae nobilissimam, alteram Cariae, Samum et Halicarnassum, per te esse recreatas; nullas esse in oppidis seditiones, nullas discordias; provideri abs te, ut civitates optimatium consiliis administrentur; sublata Mysiae latrocinia, caedes multis locis repressas, pacem tota provincia constitutam, neque solum illa itinerum atque agrorum, sed multo etiam plura et maiora oppidorum et fanorum latrocinia esse depulsa; remotam a fama et a fortunis et ab otio locupletium illam acerbissimam ministram praetorum avaritiae, calumniam; sumptus et tributa civitatum ab omnibus, qui earum civitatum fines incolant, tolerari aequaliter; facillimos esse aditus ad te, patere aures tuas querelis omnium, nullius inopiam ac solitudinem non modo illo populari accessu ac tribunali, sed ne domo quidem et cubiculo esse exclusam tuo; toto denique in imperio nihil acerbum esse, nihil crudele, atque omnia plena clementiae, mansuetudinis, humanitatis.

IX.- Quantum vero illud est beneficium tuum, quod iniquo et gravi vectigali aedilicio cum magnis nostris simultatibus Asiam liberasti? Etenim, si unus homo nobilis queritur palam te, quod edixeris, ne ad ludos pecuniae decernerentur, HS. CC. sibi eripuisse, quanta tandem pecunia penderetur, si omnium nomine, quicumque Romae ludos facerent, quod erat iam institutum, erogaretur? Quamquam has querelas hominum nostrorum illo consilio oppressimus, quod in Asia nescio quonam modo, Romae quidem non mediocri cum admiratione laudatur, quod, cum ad templum monumentumque nostrum civitates pecunias decrevissent, cumque id et pro meis magnis meritis et pro tuis maximis beneficiis summa sua voluntate fecissent nominatimque lex exciperet, ut ad templum et monumentum capere liceret, cumque id, quod dabatur, non esset interiturum, sed in ornamentis templi futurum, ut non mihi potius quam populo Romano ac dis immortalibus datum videretur, tamen id, in quo erat dignitas, erat lex, erat eorum, qui faciebant, voluntas, accipiendum non putavi cum aliis de causis, tum etiam ut animo aequiore ferrent ii, quibus nec deberetur nec liceret.

Quapropter incumbe toto animo et studio omni in eam rationem, qua adhuc usus es, ut eos, quos tuae fidei potestatique senatus populusque Romanus commisit et credidit, diligas et omni ratione tueare et esse quam beatissimos velis. Quod si te sors Afris aut Hispanis aut Gallis praefecisset, immanibus ac barbaris nationibus, tamen esset humanitatis tuae consulere eorum commodis et utilitati salutique servire: cum vero ei generi hominum praesimus, non modo in quo ipso sit, sed etiam a quo ad alios pervenisse putetur humanitas, certe iis eam potissimum tribuere debemus, a quibus accepimus; non enim me hoc iam dicere pudebit, praesertim in ea vita atque iis rebus gestis, in quibus non potest residere inertiae aut levitatis ulla suspicio, nos ea, quae consecuti sumus iis studiis et artibus esse adeptos, quae sint nobis Graeciae monumentis disciplinisque tradita. Quare praeter communem fidem, quae omnibus debetur, praeterea nos isti hominum generi praecipue debere videmur, ut, quorum praeceptis sumus eruditi, apud eos ipsos, quod ab iis didicerimus, velimus expromere.

X.- Atque ille quidem princeps ingenii et doctrinae Plato tum denique fore beatas res publicas putavit, si aut docti et sapientes homines eas regere coepissent aut ii, qui regerent, omne suum studium in doctrina et sapientia collocassent: hanc coniunctionem videlicet potestatis et sapientiae saluti censuit civitatibus esse posse; quod fortasse aliquando universae rei publicae nostrae, nunc quidem profecto isti provinciae contigit, ut is in eam summam potestatem haberet, cui in doctrina, cui in virtute atque humanitate percipienda plurimum a pueritia studii fuisset et temporis. Quare cura, ut hic annus, qui ad laborem tuum accessit, idem ad salutem Asiae prorogatus esse videatur. Quoniam in te retinendo fuit Asia felicior, quam nos in deducendo, perfice, ut laetitia provinciae desiderium nostrum leniatur; etenim, si in promerendo, ut tibi tanti honores haberentur, quanti haud scio an nemini, fuisti omnium diligentissimus, multo maiorem in iis honoribus tuendis adhibere diligentiam debes. Equidem de isto genere honorum quid sentirem, scripsi ad te antea: semper eos putavi, si vulgares essent, viles, si temporis causa constituerentur, leves; si vero, id quod ita factum est, meritis tuis tribuerentur, existimabam multam tibi in iis honoribus tuendis operam esse ponendam. Quare, quoniam in istis urbibus cum summo imperio et potestate versaris, in quibus tuas virtutes consecratas et in deorum numero collocatas vides, in omnibus rebus, quas statues, quas decernes, quas ages, quid tantis hominum opinionibus, tantis de te iudiciis, tantis honoribus debeas, cogitabis; id autem erit eiusmodi, ut consulas omnibus, ut medeare incommodis hominum, provideas saluti, ut te parentem Asiae et dici et haberi velis.

XI.- Atque huic tuae voluntati ac diligentiae difficultatem magnam afferunt publicani: quibus si adversabimur, ordinem de nobis optime meritum et per nos cum re publica coniunctum et a nobis et a re publica diiungemus; sin autem omnibus in rebus obsequemur, funditus eos perire patiemur, quorum non modo saluti, sed etiam commodis consulere debemus. Haec est una, si vere cogitare volumus, in toto imperio tuo difficultas: nam esse abstinentem, continere omnes cupiditates, suos coercere, iuris aequabilem tenere rationem, facilem se in rebus cognoscendis, in hominibus audiendis admittendisque praebere praeclarum magis est quam difficile; non est enim positum in labore aliquo, sed in quadam inductione animi et voluntate.

Illa causa publicanorum quantam acerbitatem afferat sociis, intelleximus ex civibus, qui nuper in portoriis Italiae tollendis non tam de portorio quam de nonnullis iniuriis portitorum querebantur; quare non ignoro, quid sociis accidat in ultimis terris, cum audierim in Italia querelas civium. Hic te ita versari, ut et publicanis satisfacias, praesertim publicis male redemptis, et socios perire non sinas, divinae cuiusdam virtutis esse videtur, id est tuae. Ac primum Graecis id, quod acerbissimum est, quod sunt vectigales, non ita acerbum videri debet, propterea quod sine imperio populi Romani suis institutis per se ipsi item fuerunt; nomen autem publicani aspernari non possunt, qui pendere ipsi vectigal sine publicano non potuerint, quod iis aequaliter Sulla descripserat; non esse autem leniores in exigendis vectigalibus Graecos quam nostros publicanos hinc intelligi potest, quod Caunii nuper omnesque ex insulis, quae erant a Sulla Rhodiis attributae, confugerunt ad senatum, nobis ut potius vectigal quam Rhodiis penderent. Quare nomen publicani neque ii debent horrere, qui semper vectigales fuerunt, neque ii aspernari, qui per se pendere vectigal non potuerunt, neque ii recusare, qui postulaverunt. Simul et illud Asia cogitet, nullam ab se neque belli externi neque domesticarum discordiarum calamitatem afuturam fuisse, si hoc imperio non teneretur; id autem imperium cum retineri sine vectigalibus nullo modo possit, aequo animo parte aliqua suorum fructuum pacem sibi sempiternam redimat atque otium.

XII.- Quod si genus ipsum et nomen publicani non iniquo animo sustinebunt, poterunt iis consilio et prudentia tua reliqua videri mitiora: possunt in pactionibus faciendis non legem spectare censoriam, sed potius commoditatem conficiendi negotii et liberationem molestiae; potes etiam tu id facere, quod et fecisti egregie et facis, ut commemores, quanta sit in publicanis dignitas, quantum nos illi ordini debeamus, ut remoto imperio ac vi potestatis et fascium publicanos cum Graecis gratia atque auctoritate coniungas sed et ab iis, de quibus optime tu meritus es et qui tibi omnia debent, hoc petas, ut facilitate sua nos eam necessitudinem, quae est nobis cum publicanis, obtinere et conservare patiantur.

Sed, quid ego te haec hortor, quae tu non modo facere potes tua sponte sine cuiusquam praeceptis, sed etiam magna iam ex parte perfecisti? non enim desistunt nobis agere quotidie gratias honestissimae et maximae societates; quod quidem mihi idcirco iucundius est, quod idem faciunt Graeci, difficile est autem ea, quae commodis, utilitate et prope natura diversa sunt, voluntate coniungere. At ea quidem, quae supra scripta sunt, non ut te instituerem scripsi—neque enim prudentia tua cuiusquam praecepta desiderat—, sed me in scribendo commemoratio tuae virtutis delectavit: quamquam in his litteris longior fui, quam aut vellem aut quam me putavi fore.

XIII.- Unum est, quod tibi ego praecipere non desinam, neque te patiar, quantum erit in me, cum exceptione laudari: omnes enim, qui istinc veniunt, ita de tua virtute, integritate, humanitate commemorant, ut in tuis summis laudibus excipiant unam iracundiam; quod vitium cum in hac privata quotidianaque vita levis esse animi atque infirmi videtur, tum vero nihil est tam deforme, quam ad summum imperium etiam acerbitatem naturae adiungere. Quare illud non suscipiam, ut, quae de iracundia dici solent a doctissimis hominibus, ea nunc tibi exponam, cum et nimis longus esse nolim et ex multorum scriptis ea facile possis cognoscere: illud, quod est epistulae proprium, ut is, ad quem scribitur, de iis rebus, quas ignorat, certior fiat, praetermittendum esse non puto. Sic ad nos omnes fere deferunt, nihil, cum absit iracundia, te fieri posse iucundius, sed, cum te alicuius improbitas perversitasque commoverit, sic te animo incitari, ut ab omnibus tua desideretur humanitas: quare, quoniam in eam rationem vitae nos non tam cupiditas quaedam gloriae quam res ipsa ac fortuna deduxit, ut sempiternus sermo hominum de nobis futurus sit, caveamus, quantum efficere et consequi possumus, ut ne quod in nobis insigne vitium fuisse dicatur.

Neque ego nunc hoc contendo, quod fortasse cum in omni natura, tum iam in nostra aetate difficile est, mutare animum et, si quid est penitus insitum moribus, id subito evellere, sed te illud admoneo, ut, si hoc plene vitare non potes, quod ante occupatur animus ab iracundia, quam providere ratio potuit, ne occuparetur, ut te ante compares quotidieque meditere resistendum esse iracundiae, cumque ea maxime animum moveat, tum tibi esse diligentissime linguam continendam; quae quidem mihi virtus non interdum minor videtur quam omnino non irasci: nam illud est non solum gravitatis, sed nonnumquam etiam lentitudinis; moderari vero et animo et orationi, cum sis iratus, aut etiam tacere et tenere in sua potestate motum animi et dolorem, etsi non est perfectae sapientiae, tamen est non mediocris ingenii.

Atque in hoc genere multo te esse iam commodiorem mitioremque nuntiant: nullae tuae vehementiores animi concitationes, nulla maledicta ad nos, nullae contumeliae perferuntur, quae cum abhorrent a litteris atque ab humanitate, tum vero contraria sunt imperio ac dignitati; nam, si implacabiles iracundiae sunt, summa est acerbitas, sin autem exorabiles, summa levitas, quae tamen, ut in malis, acerbitati anteponenda est.

XIV.- Sed, quoniam primus annus habuit de hac reprehensione plurimum sermonis, credo propterea, quod tibi hominum iniuriae, quod avaritia, quod insolentia praeter opinionem accidebat et intolerabilis videbatur, secundus autem multo leniore, quod et consuetudo et ratio et, ut ego arbitror, meae quoque litterae te patientiorem lenioremque fecerunt, tertius annus ita debet esse emendatus, ut ne minimam quidem rem quisquam possit ullam reprehendere. Ac iam hoc loco non hortatione neque praeceptis, sed precibus tecum fraternis ago, totum ut animum, curam cogitationemque tuam ponas in omnium laude undique colligenda. Quod si in mediocri statu sermonis ac praedicationis nostrae res essent, nihil abs te eximium, nihil praeter aliorum consuetudinem postularetur: nunc vero propter earum rerum, in quibus versati sumus, splendorem et magnitudinem, nisi summam laudem ex ista provincia assequimur, vix videmur summam vituperationem posse vitare.

Ea nostra ratio est, ut omnes boni cum faveant, tum etiam omnem a nobis diligentiam virtutemque et postulent et exspectant, omnes autem improbi, quod cum iis bellum sempiternum suscepimus, vel minima re ad reprehendendum contenti esse videantur: quare, quoniam eiusmodi theatrum totius Asiae virtutibus tuis est datum, celebritate refertissimum, magnitudine amplissimum, iudicio eruditissimum, natura autem ita resonans, ut usque Romam significationes vocesque referantur, contende, quaeso, atque elabora, non modo ut his rebus dignus fuisse, sed etiam ut illa omnia tuis artibus superasse videare.

XV.- Et quoniam mihi casus urbanam in magistratibus administrationem rei publicae, tibi provincialem dedit, si mea pars nemini cedit, fac, ut tua ceteros vincat.

Simul et illud cogita, nos non de reliqua et sperata gloria iam laborare, sed de parta dimicare, quae quidem non tam expetenda nobis fuit, quam tuenda est. Ac, si mihi quidquam esset abs te separatum, nihil amplius desiderarem hoc statu, qui mihi iam partus est: nunc vero sic res sese habet, ut, nisi omnia tua facta atque dicta nostris rebus istinc respondeant, ego me tantis meis laboribus tantisque periculis, quorum tu omnium particeps fuisti, nihil consecutum putem. Quod si, ut amplissimum nomen consequeremur, unus praeter ceteros adiuvisti, certe idem, ut id retineamus, praeter ceteros elaborabis. Non est tibi his solis utendum existimationibus ac iudiciis, qui nunc sunt, hominum, sed iis etiam, qui futuri sunt; quamquam illorum erit verius iudicium, obtrectatione et malevolentia liberatum. Denique etiam illud debes cogitare, non te tibi soli gloriam quaerere; quod si esset, tamen non negligeres, praesertim cum amplissimis monumentis consecrare voluisses memoriam nominis tui; sed ea est tibi communicanda mecum, prodenda liberis nostris, in quo cavendum est, ne, si negligentior fueris, non solum tibi parum consuluisse, sed etiam tuis invidisse videaris.

XVI.- Atque haec non eo dicuntur, ut te oratio mea dormientem excitasse, sed potius ut currentem incitasse videatur; facies enim perpetuo, quae fecisti, ut omnes aequitatem tuam, temperantiam, severitatem integritatemque laudarent. Sed me quaedam tenet propter singularem amorem infinita in te aviditas gloriae; quamquam illud existimo, cum iam tibi Asia sic, uti uni cuique sua domus, nota esse debeat, cum ad tuam summam prudentiam tantus usus accesserit, nihil esse, quod ad laudem attineat, quod non tu optime perspicias et tibi non sine cuiusquam hortatione in mentem veniat quotidie; sed ego, quia, cum tua lego, te audire, et quia, cum ad te scribo, tecum loqui videor, idcirco et tua longissima quaque epistula maxime delector et ipse in scribendo sum saepe longior.

Illud te ad extremum et oro et hortor, ut, tamquam poetae boni et actores industrii solent, sic tu in extrema parte et conclusione muneris ac negotii tui diligentissimus sis, ut hic tertius annus imperii tui tamquam tertius actus perfectissimus atque ornatissimus fuisse videatur: id facillime facies, si me, cui semper uni magis quam universis placere voluisti, tecum semper esse putabis et omnibus iis rebus, quas dices et facies, interesse. Reliquum est, ut te orem, ut valetudini tuae, si me et tuos omnes valere vis, diligentissime servias. Vale.

EPÍLOGO

Algunas ideas fáciles de destacar, luego de leer ambas cartas, son las siguientes:

1.- Ni Quinto ni Marco Tulio presienten la crisis política que se les viene encima. Quinto piensa que el triunfo de su hermano es un paso más en su carrera a la fama; Marco cree que su hermano menor volverá de su provincia a disfrutar de su prestigio. Tan solo catorce años después ambos fueron asesinados, junto con otros personajes ilustres, para sellar un pacto de sangre entre Marco Antonio y Octavio y evitar así una guerra civil que era inminente; Marco Antonio y Octavio consintieron, recíprocamente, en permitir que se diera muerte a algunos amigos y aliados que el otro considerara enemigos peligrosos o irreconciliables; una de las primeras cabezas en rodar fue la de Marco Tulio Cicerón, aliado de Octavio y enemigo de Marco Antonio; sin embargo, ese pacto solo postergó el conflicto y más tarde el enfrentamiento militar se hizo inevitable. Octavio inclinó la balanza a su favor y quedó dueño de Roma y todas sus posesiones.

2.- Marco Tulio siente una admiración irrestricta por la cultura griega. Sabemos por otras fuentes que aprendió a hablar en griego perfectamente bien; estudiaba oratoria en griego y con maestros griegos; viajó a Grecia con ese objeto y, a su tiempo, envió allá a su hijo Cicerón. Por la intensidad de su apego a todo lo griego, se ve que padeció un cierto servilismo cultural, que no le impidió, sin embargo, trabajar ardua y exitosamente en latín, su lengua materna.

Este servilismo cultural no es ni bueno ni malo. Es un fenómeno que suele repetirse a lo largo de la historia, cuando dos culturas de distinto nivel entran en contacto. En el siglo XIX el francés fue cultivado tan intensamente fuera de Francia, que no dominar esa lengua era una notoria falencia, y conocerla, abría muchas puertas especialmente en el ámbito social. Situación similar se vive con el inglés en nuestros días, potenciado por la globalización y por las cada vez más intensas relaciones económicas internacionales. En todos estos casos suelen alzarse voces defendiendo las lenguas nacionales, pero su efecto es limitado.

3.- Marco Tulio Cicerón utiliza un estilo notable para criticar, con suma delicadeza, los defectos de su hermano menor; a veces es necesario leer entre líneas para encontrar el mensaje correctivo envuelto en "papel de regalo" y con una "cariñosa tarjeta de saludo".

Se trata de personajes que vivieron intensamente los hechos políticos de su tiempo, desde cargos públicos relevantes, ejerciendo cada uno sus especiales aptitudes, brillantes en el caso de Marco Tulio, opacas en el caso de Quinto. Las dos cartas que se tradujeron constituyen una especie de diálogo entre ambos, y aunque el texto atribuido a Quinto sea apócrifo, deja la impresión de provenir de un genuino hermano menor.

5.- Con todo, no es fácil, y más bien resulta peligroso, generalizar las situaciones a que aluden en sus cartas, pues no todas las características de la vida de provincia se repiten en igual forma a lo largo y ancho del Imperio. Pero el apetito voraz de los publicanos cobrando impuestos en provincia está acreditado por múltiples testimonios, que pueden encontrarse, incluso, en las narraciones del Evangelio.

6.- Aunque Quinto (o quien haya sido el autor del *Commentariolum*) insista en que los consejos dados a su hermano mayor solo sirven para el buen éxito de su candidatura y para nadie más, parece razonable pensar que se trata de situaciones comunes a todos cuantos participaron en la muy limitada democracia practicada en Roma republicana. Esas situaciones tienen también un sabor contemporáneo, por cierto, bastante agridulce.

Asia en el siglo I a. de C. (Atlas Akal).

Gente del pueblo o campesinos "entre amigos".

Marco Tulio Cicerón
(Florencia, Museo de los Oficios)

Posible imagen de un publicano,
anotando los ingresos.

Senadores romanos.

BIBLIOGRAFÍA

Boissier, Gastón: *Cicerón y sus amigos*, traducción castellana de Antonio Salazar, Madrid, La España Moderna, 1900.

Burdese: *Manuel de Derecho Público Romano*, traducción de Ánges Martínez Sarrión y Ángel Latorre Segura, Bosch, Casa Editorial, Barcelona, 1972.

Gow, James y Reinach, Salomón: *Minerva, Introducción al Estudio de loa Autores Clásicos Griegos y Latinos*, traducida de la 6ª edición francesa por Domingo Vaca, Madrid, Daniel Jorro, Editor, 1911.

Grant, Michael, *Atlas Akal de Historia Clásica* (del 1700 a. C. al 565 d.C.), Ediciones Akal S.A., traducción de la 5ª edición inglesa por Pedro López Barja de Quiroga, Madrid, 2002.

Mommsen, Teodoro: *Derecho Penal Romano*, versión castellana de P. Dorado, reimpresión, Ed. Temis S.A., Santa Fe de Bogotá, Colombia, 1999.

Mommsen, Teodoro: *Derecho Público Romano* (Compendio), primera ed. argentina, Ed. Impulso, Buenos Aires, Rep. Argentina, 1942.

Mommsen, Teodoro: *Historia de Roma de la revolución al imperio*; traducción de A. García Moreno, Editorial Aguilar, 2ª edición, 1955, Libro V, págs. 547 y ss.

Paoli, Ugo Enrico: *La Vida en la Roma Antigua* (original italiano *Vita Romana*), traducción de J. Ferrán y Mayoral y de Natividad Massanés; Editorial Iberia, S.A., Barcelona, 1964.

Tarnassi, José: *Vida de Cicerón* (en Lecciones de Literatura Latina, Tomo II, Obras Varias), publicación de la Facultad de Filosofía y Letras de la Universidad de Buenos Aires, Imprenta y Casa Editora "CONI", 1939.

Vicuña, Alejandro: *Cicerón*, Ed. Nascimento, Santiago, Chile, 1933.

Índice

Editorial LibrosEnRed

LibrosEnRed es la Editorial Digital más completa en idioma español. Desde junio de 2000 trabajamos en la edición y venta de libros digitales e impresos bajo demanda.

Nuestra misión es facilitar a todos los autores la **edición** de sus obras y ofrecer a los lectores acceso rápido y económico a libros de todo tipo.

Editamos novelas, cuentos, poesías, tesis, investigaciones, manuales, monografías y toda variedad de contenidos. Brindamos la posibilidad de **comercializar** las obras desde Internet para millones de potenciales lectores. De este modo, intentamos fortalecer la difusión de los autores que escriben en español.

Nuestro sistema de atribución de regalías permite que los autores **obtengan una ganancia 300% o 400% mayor** a la que reciben en el circuito tradicional.

Ingrese a www.librosenred.com y conozca nuestro catálogo, compuesto por cientos de títulos clásicos y de autores contemporáneos.